아나운서, 오늘을 전합니다

BEGINNER SERIES 9

글 김 설

# 아나운서, 오늘을 전합니다

아나운서를 꿈꾸는 이들을 위한
직업 공감 이야기

I AM AN
ANNOUNCER

# CONTENTS

## Part 4
# 아나운서, 바라보기

# PROLOGUE

지금의 나를 있게 한 것은 한 편의 자동차 광고였다. 1999년 TV 프라임타임에 나갔던 '누비라' 광고가 그것이다. 방영 당시 아나운서 백지연이 등장해 화제를 모았는데, '지리산 노고단에서 백지연이었습니다'라는 그녀의 마지막 멘트는 방송이 뉴스인지 광고인지 헷갈리게 하며 많은 사람에게 큰 인상을 남겼다. 누군가는 그 광고를 보면서 자동차를 사는 꿈을 꾸었겠지만, 나는 그녀의 목소리를 들으며 아나운서라는 꿈을 찾았다! 그 꿈에 이르기까지의 과정이 '지리산 노고단'을 등반하는 것 만큼 쉽지 않다는 것은 나중에 안 일이다. 그럼에도 불구하고 만약 누군가 나에게 '다시 직업 선택의 기회가 주어진다고 해도 같은 길을 걸을 것이냐' 묻는다면 나는 망설임 없이 그렇다고 대답할 것이다.

사업을 시작하면서 10년 넘게 진행해 온 라디오를 그만두었다. 아나운서로서 영역을 확장하며 일해 온 결과 작은 사업체를 운영하게 된 것이다. 회사 내 교육생을 훈련하는 일부터 경영까지, 사업 규모가 커지면서 일상처럼 해오던 방송과 병행하기가 어려웠다. 직원들은 대표가 방송을 그만두고 사업에만 집중해주길 바랐다. 하지만 마이크를 내려놓는다는 것은 나에게 너무도 힘든 결정이었다. 아마도 나 자신을 교육회사의 대표보다는 아나운서라는 점에 무게를 더 실었던 것 같다. 어제, 오늘 그리고 내일도 아나운서이길 바라는 욕심 때문이었을 것이다.

'가슴 설레는 일을 하라'는 스티브 잡스의 말을 누구나 들어본 적 있을 것이다. 나는 아나운서 생활을 하면서 매 순간 그 말에 공감했다. 더불어 면접장에서 자기소개 말미에 내가 했던 말을 지금도 기억하고 있다. "세상에 대한 사랑과 관심을 잃지 않도록 노력하겠습니다. 헤프지 않은 웃음과 쓰리지 않은 눈물을 함께 전해줄 수 있는 아나운서가 되고 싶습니다." 포부는 근사했다. 그때는 사람들에게 작은 즐거움과 위로를 주는 존재가 되고 싶다는 마음이 전부였다. 그러나 막상 아나운서가 되고 나니 오히려 다른 이들에게 더 큰 위로와 사랑을 받게 됐다. 느끼는 것이 많아질수록 처음에 했던 말을 지키기 위해 더욱 노력하고 있다.

오랫동안 해온 방송이 개편되거나 개인적인 사정으로 떠나게 됐을 때 많은 아나운서가 눈물을 흘린다. 나 역시 막상 같은 경험을 해보니 알게 되는 것들이 있었다. 마지막 인사를 나눈 뒤에야 시청취자 그리고 함께 일했던 동료들과 정말 즐겁게 일했던 일련의 과정들이 파노라마처럼 스쳤다. 그 순간 행복한 동행의 마침표를 이렇게 찍는구나 실감했다. 물론 그 마침표는 다음 첫 문장을 시작할 수 있는 용기도 주었다.

세상에는 많은 일이 있지만 방송이야말로 진정으로 재미를 가지고 즐길 수 있는 일이 아닐까 싶다. 일할수록 행복의 마침표는 늘어나고, 내가 만들어 온 마침표는 어느새 하나의 길이 된다.

아나운서는 추천할만한 직업이다. 일 자체의 즐거움, 직업이 주는 영향력, 다양한 환경과 경험의 기회 등을 누릴 수 있다. 물론 이 책에서는 아나운서로 생활하며 겪은 고충, 의외의 변수, 반드시 넘어서야 할 고비, 곤란한 여러 가지 상황들까지 어려웠던 부분도 많이 다루었다. 아나운서가 되기 위한 여정은 항해와 크게 다르지 않다. 하고자 하는 의지는 나를 이끌어줄 좋은 나침판이 된다. 또, 닮고 싶은 롤모델은 항해의 방향을 정하는 선장이 된다. 준비하는 과정의 기쁨과 고충을 누군가와 함께 나눌 수 있다면 모든 준비는 끝났다. 아나운서라는 직업을 소개할 수 있어 정말 기쁘다. 내가 공들여 찍어온 무수한 마침표를 독자들과 함께 나누고 싶다.

I am an announcer

*Part 1* 아나운서, 말하기

# 1 아나운서의 세계

한 프로그램에서 프로듀서 박진영이 아주 특별한 '걸그룹 프로젝트'를 진행했다. 멤버는 꽃다운 나이의 친구들이 아닌 인순이, 신효범, 이은미 그리고 박미경이었다. 대한민국 국민이라면 누구나 알 정도로 8090년대를 휩쓸었던 한국의 디바들이지만, 혹자들은 '걸-그룹? 은퇴할 나이인-'걸'?'이라 말했을지 모른다. 그녀들은 많은 걸 내려놓아야 할 나이에, 그것이 틀렸음을 프로그램을 통해 증명해냈다. 인터뷰에서 인순이는 나이가 있어도 아직 꿈을 내려놓고 싶지 않다고 외치며 여전히 건재함을 드러냈다. 이들은 인기 걸그룹의 노래들을 본인의 스타일로 완벽 재해석했고, 녹슬지 않은 실력을 뽐내며 대중들의 환호를 자아냈다.

나 또한 언제까지 마이크를 잡을 수 있을까를 생각한 적 있다. '모두가 아름답고 생기 넘치는 아나운서를 선호하는데 내가 버티는 것은 과욕이 아닐까'라고 생각해 스스로 은퇴 나이를 정해놓고 일을 진행하기도 했었다. 한해, 두해 달력을 뜯어낼수록 일에 대한 자부심보다 밥벌이의 고단함이 내 일상을 차지하기 시작했다. 가끔은 자신 없는 내 모습을 적나라하게 마주하곤 했다. 그런 와중에 자신들을 증명하는 가수들을 보게 된 것이다. 아나운서와 직군은 다르지만 신선한 충격을 얻었다. 누구나 한 번쯤은 우연찮은 계기로 초심을 되찾게 된다고 한다. 나에게는 이 방송이 그랬다. 누구보다 오랫동안 아나운서로 일하고 싶었던 나의 초심을 일깨워주었다.

아나운서가 되고나서, 또는 아나운서를 준비하면서 스스로의 직업 수명을 규정 짓는 경우는 주변에서도 종종 있다. '결혼하면', '아이를 낳으면', '나이를 먹으면' 그만두겠다고 자신만의 한계선을 그어놓는다. 이미지가 중요한 아나운서의 세계에서 노화해가는 스스로가 경쟁력이 떨어진다는 생각과 언젠가 하고 싶은 방송에서 밀려날지도 모른다는 끊임없는 불안감에 미리 한계를 지어버리는 것이다. 사실 우리를 '골든걸스'와 비교한다는 건 어쩌면 억지일지 모른다. 그들은 탄탄한 기본기를 가지고 오랜 시간 최고의 자릴 지켜내 왔고, 폭넓은 경험을 쌓아온 사람들이기 때문이다. 그러나 우리도 그녀들처럼 새로운 트렌드에 기민하게 대응하되 나만의 스타일을 보여줄 수 있는 유연성이 있다면 계속 일을 해나갈 수 있을 것이다. 그러다 보면 내가 일을 찾아가는 게 아니라, 일이 나를 찾아온다.

아나운서 중에는 이미 그런 경험을 하는 사람도 있다. 예비 아나운서들에게 현직의 이야기를 전하고 싶다. 든든한 선배들이 계속해서 길을 닦고 있다고, 그러니 어서 따라와 우리를 앞질러 가라고 말하고 싶다.

아나운서의 일은 영향력 있는 말을 불특정 다수에게 전달해 존중을 이끌어 내는 것이다. 세상일을 좋은 직업, 나쁜 직업으로 나눌 수 없다. 하지만 내가 생각했을 때 좋은 직업을 정의해본다면 재미와 성취감을 느낄 수 있는 일이라 하겠다. 여기에 성공과 사회적 존중까지 얻는다면 더할 나위 없을 것이다. 박진영은 말했다. 성공과 존중은 다르다고, 성공은 결과론적 시각이지만 존중은 그 과정의 단계와 결과 모두를 총칭하는 뜻이라고 설명했다. 나는 아나운서가 이 두 가지를 동시에 가질 수 있는 일이라고 생각한다. 그만큼 성실하게 모든 과정을 지나와야 누릴 수 있는 성공이겠지만 말이다.

# Q1
# 아나운서는
# 어떤 일을 하나요?

아나운서 지망생 시절, 모 아카데미에서 들은 최평웅 KBS 아나운서실 방송위원의 특강이 생각난다. 위원님은 '아나운서는 말의 예술사로서, 말을 음악처럼 연주하는 사람이다'라고 했다. 음성을 다루는 기술이 필요한 직업임을 거듭 강조한 것이다. 현직 아나운서가 된 지금은 나 역시 그말에 매우 공감한다. 아나운서의 본질은 결국 전달이며 그전달에 있어 가장 큰 수단이자 도구는 결국 음성이기 때문이다.

나는 아나운서를 정의할 때 '미디어'라는 말을 빼놓지 않는다. 전문적인 음성 기술을 활용해 콘텐츠를 전달하는 일을 하기 때문이다. 미디어 환경에 적합한 음성적 기술을 운용할 줄 알아야 하고, 마이크 수음에 최적화된 소리 구사 능력을 갖추어야 한다. 카메라로 비추었을 때 신뢰감과 안정감을 줄 수 있는 이미지를 만드는 것도 필요하다. 프로그램에 대한 전문적 이해도를 바탕으로, 전달하고자 하는 콘텐츠를 시청자 청취자들이 공감할 수 있게 전달하는

19

것이 아나운서의 일이다.

부르스 루이스는 그의 저서에서 '무용담'을 하던 사람이 아나운서의 기원이 되었다고 말했다. 옛날 수렵시대에 사람들은 거친 짐승들을 잡은 무용담을 그의 동료들에게 전하기 위해 높은 언덕에 서서 큰소리로 외쳤다. 그때 새로운 사냥법을 소개하면서 동시에 안전을 당부했던 것이 현대의 직업으로 발전되었다는 것이다. 사실 여부가 정확하지 않은 무용담을 그대로 전하기보다 정확한 내용을 전달해야 한다는 인식이 생기면서, 다양한 분야에서 아나운서가 활약하게 되었다는 이야기가 있다.

또, 에드 헐리히는 아나운서가 매체를 통해 고도의 숙련된 기술을 활용하여 콘텐츠를 전달하는 전문인이라고 정의했다. 현재 방송사에서 말하는 아나운서란 뉴스 앵커와 스포츠 캐스터, MC, DJ, 리포터, 내레이터, 기상캐스터, 토론 프로그램의 조정자 등 다양한 범위를 포괄하고 있다. 대표적으로 알고 있는 뉴스 앵커는 방송에서 뉴스를 읽거나 전달하는 사람으로 '뉴스캐스터'로 정의한다. 우리나라에서는 주로 편집된 뉴스를 스튜디오에서 순서대로 읽으며 진행하는 사람을 일컫는다.

앵커는 미국에서 사용하던 말이다. 현장 리포터들의 보도를 엮어 뉴스 프로그램을 진행하는 진행자로서, 갖가지 뉴스 소재에 대한 기자들의 심층 또는 현장 리포팅을 매끄럽게 전달한다. 또, 인터뷰를 진행하면서 자신의 논평을 곁들이기도 한다. 최근에는 종합편성채널에서 다양한 형태의 뉴스 프로그램들이 생겨나면서 과거의 단순 뉴스캐스터에서 벗어나 미국과 같은 앵커의 역할을 하는 아나운서들이 늘고 있다.

MC는 master of ceremonies의 줄임말로 교양이나 쇼 오락 프로그램에서 사회를 맡아 진행하는 사람이다. 시청자들이 편안하게 프로그램을 이해하고 즐길 수 있도록 출연자에게 주요 질문을 통해 답변을 끌어내고 내용을 이끌어가는 역할을 한다.

스포츠 아나운서는 경기 중에 해설과 운동기술에 대한 분석을 전문가의 인터뷰를 통해 끌어내고 경기현장을 생동감 있게 전달한다. 경기의 결정적 주요 순간을 강조하면서 경기의 재미요소를 시청자에게 전달하고 선수나 전문가를 인터뷰하는 역할을 한다.

대중들에게 가장 많이 알려진 아나운서로는 김성주, 배성재 아나운서가 있다. 의외로 많은 시청자가 월드컵이나 올림픽을 관전할 때 아나운서에 따라 방송 채널을 선택한다. 각 종목에서 눈부신 활약을 펼치는 전문해설위원의 수준 만큼 스포츠 아나운서의 기량도 중요하기 때문이다. 이런 일은 단순히 스포츠를 좋아한다고 해서 할 수 있는 일은 아니다. 스포츠 전반의 지식은 물론 늘 새롭게 치러지는 경기 이슈를 잘 알고 있어야 한다.

라디오 아나운서는 라디오를 통해 역할을 한다. 다른 아나운서들과 달리 시각적 이미지가 전달되지 않는다는 차이점이 있다. DJ로서 음악을 전달하기도 하고, 각종 행사에서 현장을 구성 있게 정리하기도 한다. 또, 행사를 전문적으로 진행하는 진행자로서 역할을 하기도 한다.

이처럼 다양한 방송 장르에서 아나운서는 각자 맡은 프로그램의 성격에 맞게 카멜레온처럼 변신하며 콘텐츠를 전달하고 매체를 통해 사람들과 소통한다. 아나운서는 마음을 움직이고 감정을 전달하는 예술가이다. 똑같은 대본도 어떤 어조를 사용하고 어떤 감정표현으로 전달하느냐에 따라 내용의 경중이 시청자들에게 다르게 전달된다.

아나운서의 비언어적 도구들은 어떤 방식으로 사용되느냐에 따라 사회에 큰 영향력을 미친다. 자신들의 목소리와 표현력을 통해 보고 듣는 이들에게 안정감을 주기도 위기감을 부여하기도 하고 때로는 감동을 전달하기도 한다. 사회적인 이슈나 문화적인 소식을 전달하고 사람들의 시선을 모으며 사회적 관심을 불러일으킨다. 마치 이야기꾼처럼 사람들에게 새로운 세계를 열어주는 중요한 역할을 하기도 한다. 아나운서는 사람들의 삶에 깊이 스며들어 우리를 연결하는 소통의 전령이다.

# 아나운서의 하루 일과는
# 어떻게 되나요?

보통 각자가 맡은 프로그램 생방송 시간, 사전 녹화시간에 따라 요일별 스케줄이 달라진다. 나 역시 매일 진행하는 데일리 방송 스케줄과 주중에 1번 진행하는 위클리 프로그램, 그리고 틈틈히 들어오는 외부 행사나 라디오 스케줄에 따라 매우 유동적으로 하루를 보냈다.

TJB에 근무하던 시절, 가장 많은 프로그램을 맡았던 때의 스케줄을 떠올려보았다. 오전 7시 20분 아침 뉴스, 오전 11시 라디오 프로그램, 그리고 오후 4시경 저녁 뉴스형식의 종합 교양 프로그램의 꼭지 녹화를 데일리로 진행했다. 또, 위클리 프로그램으로 오후 2시 VJ 특공대와 매주 금요일 밤 9시 생방송으로 진행되는 스포츠 프로그램을 진행했다. 위클리 프로그램이 있는 날은 부지런히 움직여야 했다. 새벽 5시쯤 기상해서 출근해 5시 30분부터 6시 30분까지 메이크업을 완료하고 7시 뉴스 원고를 예독한 뒤 생방송 뉴스를 진행하는 것이다.

이후에는 바로 라디오국으로 가서 그날 라디오 방송을 위한 선곡을 했다. 방송작가와 간단한 미팅을 거친 후 오전 11시 라디오 생방송을 마치면 겨우 휴식시간을 얻었다. 점심을 먹고 VJ특공대 녹화와 뉴스형식의 리포팅 녹화를 마치면 이후 본격적으로 9시에 있을 생방송 준비에 돌입했다. 생방송은 녹화와 달리 철저한 준비를 해야 한다. 원고 예독과 동선, 의상 등 다양한 부분을 꼼꼼히 체크하는 것이다. 생방송이 끝나면 밤 11시는 되어야 퇴근을 할 수 있었던 것 같다. 지금 생각해보면 말도 안 되는 스케줄이지만 그때는 열정으로 힘든 시기를 버텨냈다.

사실 아나운서의 하루는 정규직과 계약직, 프리랜서 등 고용형태에 따라 다르다. 먼저, 방송사에 소속되어 있는 아나운서는 회사에서 제안하는 사규에 따른 근무시간을 준수한다. 점심시간 포함 총 9시간을 근무하지만 9 to 6를 사는 일반 직장과는 다르다. 철저하게 프로그램에 따라 움직이기 때문이다. 예를 들어 저녁 8시 뉴스를 진행하면 퇴근이 늦어지기 때문에 출근하는 시간도 늦어진다. 만일 초과근무를 하게 되면 관련 수당이 나온다.

프리랜서의 경우, 정규직에 비교해 근무시간이 자유롭다. 계약직은 회사와 어떤 조건으로 계약을 맺었는지에 따라 근무 조건이 다르다. 계약직 아나운서도 사측과 계약조건에 위배되지 않는 선에서 외부 일을 할 수 있지만, 본질적으로는 프리랜서와 엄연한 차이가 있다. 프리랜서는 스케줄을 자신이 정하기 때문에 일정이 바쁜 날도, 쉬는 날도 있는 편이다. 하지만 대부분 프리랜서는 들어오는 일을 무리해서라도 맡는 경우가 많다.

방송은 민감하다. 특히 날씨와 특정 이슈에 따라 그날 프로그램을 전체 손 봐야 할 일도 생긴다. 아침에 눈을 뜨면 업데이트된 뉴스를 검토하고, 맡은 프로그램과 관련된 정보 중에서 변경된 건 없는지 검토하는 것으로 하루를 시작한다. 이후 방송에 따라 준비해야 하는 사항들, 예를 들면 자료 준비나 토론 내용에 대한 숙지 혹은 원고 예독 및 수정을 하고 이후 분장 시간에 맞춰 움직인다.

현장 진행도 많다. 자연스럽게 아나운서는 외근이나 지방 출장 그리고 해외 출장을 많이 하는 편이다. 본인의 업무 외에 기술적으로 맞춰봐야 하는 사안들에 대해서도 대비해야 하기 때문에 리허설 시간이 충분히 필요하다. 그러므로 일과를 짤 때 이 부분을 고려해야 한다. 특히 요즘은 외부 행사를 진행하는 아나운서의 경우, 홀로그램이나 미디어아트를 활용한 무대 연출이 많기 때문에 이에 대한 충분한 리허설이 필요하다. 스튜디오나 현장에 도착하면 방송 장비를 일일이 테스트해보고 모든 것이 정상적으로 작동하는지 확인한다. 큐시트를 보면서 동선과 시간 체크도 꼼꼼히 해야 한다. 인터뷰가 필요한 대상이 있다면 제작진이 놓친 부분은 없는지 재차 살핀다. 또한, 원고에 잘못된 정보는 없는지 필요한 부분은 있는지 한 번 더 확인하고 필요하다면 담당 작가나 전문적인 내용의 경우는 출연하는 전문 패널에게 필요내용을 요구해야 한다.

아나운서 개인의 컨디션은 방송의 질적인 차이를 가져온다. 그렇기 때문에 방송이나 행사에 차질이 생기지 않도록 평소 하루 시간을 잘 분배해야 한다. 체력관리나 외모 관리에도 투자를 하는 것이다. 일과가 끝나면 본인이 출연했던 방송에 대한 모니터나 남은 사무업무를 본다. 그렇게 하루를 다 보낼 수도 있다. 하지만 꼭 시간을 잘 분배해 네트워킹으로 활동영역도 넓혀가야 한다. 자기계발이 필수인 시대. 프로그램에서 요구하는 것들이 더 많아졌기 때문에 신세대 아나운서들은 SNS 활동을 열심히 하기도 한다. 개인을 브랜딩할 뿐 아니라 프로그램 등에 대한 홍보 활동에도 적극적으로 참여하는 것이다.

처음 방송사에서 일하기 시작했을 때는 단순한 은행 업무조차 보러 갈 수 없을 정도로 하루 24시간이 모자랐다. 하지만 점차 업무에 익숙해지면서 프로그램을 위주로 하루 일정을 짜면서도 나만의 휴식시간을 챙길 수 있게 됐다. 이처럼 아나운서의 일과는 일반 직장인보다 여유로울 때도 있고 시간을 분 단위로 쪼개 움직여야 할 정도로 바쁠 때도 있다. 아나운서 업무 특성상 어떤 프로그램을 맡느냐, 그리고 본인이 어떻게 시간 관리를 하느냐에 따라 하

루의 일과는 얼마든지 바뀔 수 있는 셈이다. 그러므로 시
간 관리는 아나운서가 반드시 가져야 할 능력 중 하나다.

# Q3
# 일주일 동안
# 얼마나 많은 뉴스를 전하나요?

뉴스는 사회적 관심을 반영하며 다양한 영역을 다루는 집합체이다. 뉴스의 종류로는 편성 시간대별로 단독 앵커가 진행하는 뉴스, 프라임 시간대에 진행하는 종합 뉴스, 그리고 해외토픽 같은 특정 이슈를 다루는 뉴스와 특집 뉴스, 편성으로 진행되는 속보나 특보를 전하는 특보 뉴스 등이 있다.

각 방송사의 꽃이라고 할 수 있는 메인 종합 뉴스의 경우 스포츠 뉴스와 기상 캐스터가 전하는 기상뉴스를 제외하고 20개에서 22개 정도가 진행된다. 그 안에는 리포트 뉴스와 단신 스트레이트 뉴스, 그리고 기자 혹은 특정 전문가와의 인터뷰로 구성되어 있다. 앵커가 기사의 개요를 설명하고 기자를 부르면 기자가 현장화면을 배경으로 현장 상황과 주요 내용을 보도한다. 그리고 앵커가 뉴스를 낭독하면 관련 현장화면이나 자료화면이 송출된다. 여기에 간혹 기자가 직접 출연하거나 관련 인사를 출연시킨 인터뷰 대담이 곁들여진다고 보면 된다.

편성 시간대만 보더라도 가장 많은 시청자가 볼 수 있는 저녁 8시나 밤 9시에 주요뉴스를 방송한다. 방송사의 편성에 따라서 오전 시간대와 오후 시간대에 몇 개의 뉴스 프로그램이 더 진행될 수 있다. 라디오 뉴스는 5분 정도 진행하는데, 이른 새벽부터 심야시간대까지 거의 매시간 정시 혹은 30분 때로는 15분 단위로 뉴스를 내보내기도 한다. 사전에 정해진 편성표가 있다. 종합편성채널에서는 공중파의 종합 뉴스의 성격과 비슷한 뉴스 매거진 형식의 프로그램을 하루에도 서너 개 이상 편성해 진행하기도 한다. 매거진 형식은 뉴스의 종합구성으로서 인터뷰 취재 녹음 컷의 삽입, 전화 연결, 일기예보처럼 뉴스 관련 아이템을 다양한 형식으로 전하는 뉴스쇼다. 뉴스의 개수는 방송 시간대와 성격, 시간에 따라 달라지기 때문에 단정할 순 없지만 대략 일주일에 300여 개 정도를 전달하고 있다.

아마 아나운서 준비생들에게 가장 많은 연습을 기울였던 분야가 무엇이냐고 묻는다면 단연 '뉴스 리딩'이라고 할 것이다. 그 어렵다는 방송사의 공개채용 시험 원고로 다름 아닌 방송뉴스 원고가 가장 먼저 채택된다. 아나운서는 물론 기자, PD에 이르기까지 거의 전 직종의 실기시험에 해당되는 이야기다. 즉, 뉴스가 방송의 기본이라는 것이다. 뉴스는 녹음이나 녹화가 불가능하다. 신뢰도가 밑바탕에 깔린 속보성과 정확성, 현장성이 생명이기 때문이다.

최근 들어 뉴스의 형태가 조금씩 달라지고 있기도 하다. 예전에는 고정된 바스트 샷과 딱딱한 진행으로 정형화된 스타일을 고집했다면, 지금은 방송의 형태가 자유롭고 다양해지면서 진행자들도 다양한 스타일과 방식을 시도한다. 특히 보조진행자의 역할을 맡던 여성 앵커들이 단순역할 분담이 아닌 단독 진행자로서 프로그램을 이끌어가고 있는 모습은 여간 반가운 일이 아닐 수 없다.

뉴스 진행자가 갖춰야 하는 자질에 대해 몇 가지 정리하자면 다음과 같다. 첫째, 정확한 발음과 생동감 있는 억양을 기본으로 전달력을 가진 전문화된 아나운싱 기술이다. 제한된 시간에 다양하고 많은 정보를 전달해야 하는 뉴스 전달자로서 음성 연출 기술은 중요하다. 둘째, 비디오 시대의 아나운서로서 뉴스에 어울리는 외모를 갖추는 것이다. 여기서 말하는 외모란 미적인 기준이라기보다는 단정하고 신뢰감을 주는 전체적인 분위기를 말한다. 미세하고 사소한 얼굴 근육의 움직임과 뉴스의 내용에 따른 눈빛 또한 앵커가 연출할 수 있는 능력이다. 외모는 내적인 요인에 의해서도 좌우된다. 적지 않은 시간 동안 쌓아온 본인의 노력과 지식, 인간 됨됨이가 겉으로 나타나는 형태를 우리는 외모라고 부를지도 모른다. 신뢰감 있는 뉴스 진행자로서의 격에 맞는 외모를 연출할 줄 알아야 한다.

셋째, 뉴스 진행자는 기본적으로 원고를 가지고 방송을 하지만 그것을 단순히 읽는 것에 한정시키면 안 된다. 제한된 시간에 여러 가지 다양한 정보를 전달해야 하기 때문이다. 정치, 경제, 사회, 문화 각 부문에 걸친 여러 상식을 익히고 이해를 기반으로 전달해야 한다. TJB 뉴스 앵커로 방송을 했을 때 과학에 관련된 뉴스를 많이 다뤘다. 이때 등장하는 전문 용어를 바르게 읽지 않아 크게 질책을 받은 적이 있다. 특정 분야에 익숙하지 않은 앵커들은 무기와 관련된 군사 용어나 특정한 스포츠 용어에 취약해 오독할 때가 종종 있다. 이는 잘못된 정보가 전달되는 것이므로 엄연히 방송 사고라고 할 수 있다.

갑자기 들어오는 뉴스 특보나 비정규 속보성 스트레이트 뉴스에 진가를 발휘하는 진행자는 대개 평소 부지런히 준비하고 공부한 아나운서들이다. 뉴스 내용에 따라 적절한 비언어적 요소를 연출해 신뢰감 있는 외적 이미지와 돌발 상황에도 당황하지 않는 침착함, 그리고 전달하는 내용에 대한 박식한 이해가 필요하다. 즉, 하드웨어와 소프트웨어의 조화가 훌륭한 뉴스 진행자의 자질이라고 할 수 있다.

# Q4
## 아나운서가 뉴스를
## 직접 작성하기도 하나요?

아나운서가 직접 뉴스 원고를 작성하는 일은 없다. 기사 꼭지들은 편집 데스크의 최종 승인을 거쳐 기자에 의해 작성된다. 방송의 구성과 연결 멘트, 그리고 인터뷰와 같은 부분들은 뉴스 피디와 담당 작가에 의해 구성을 거쳐 최종 완성된다.

아나운서는 반드시 편집팀에서 마무리된 최종 뉴스 원고를 토대로 뉴스를 진행한다. 방송은 약속이기 때문에 반드시 애드리브 하나도 제작진과 협의 후 진행해야 한다. 따라서 앵커가 뉴스를 직접 작성하기보다는 뉴스 편집에 어느 정도 개입할 수 있는가로 접근해야 옳다. 방송사에 따라 앵커의 직급이나 경력에 따라 혹은 상황에 따라서는 편집 책임 데스크로부터 편집권을 공유받아 조율하는 경우도 있다. 그럴 때는 앵커의 의견이 반영되기도 한다. 그러나 한 사람이 좌지우지할 수 있는 건 아니며, 어디까지나 반드시 합의로 조율된 약속이다.

주술 관계가 맞지 않거나 문장에 오류가 있는 경우 확인을 거쳐 수정하기도 한다. 인터뷰 시, 답변에 따라 꼬리 질문이 달라지거나 답변에 대한 코멘트는 할 수 있지만 정해진 뉴스를 아나운서 개인이 재작성해 전달하지 않는다. 개인적 사견을 덧붙이는 건 금물이다. 때로는 뉴스를 마무리하는 끝인사 격인 '클로징'을 앵커가 작성하는 경우도 있다. 하지만 이 역시 반드시 협의를 거쳐 진행한다.

뉴스의 진행 과정은 다음과 같다. 가장 먼저 들러야 하는 곳이 보도본부의 편집팀이다. 편집팀은 기자들이 작성한 기사를 취사선택해서 수정, 보완하고 중요도에 따른 순서를 정한다. 그렇게 정해진 뉴스가 시청자들에게 최종적으로 전달되는 것이다. 앵커는 편집팀이 뉴스를 선택하고 수정하는 과정을 실시간으로 확인해야 한다. 특히 뉴스를 시작하는 그 순간까지도 순서나 내용이 달라질 수 있기 때문에 최종적으로 협의한 안을 두 번 세 번 검토해야 한다.

한번은 여느 때처럼 원고와 큐시트를 들고 뉴스데스크에 앉았다. 최종 확인된 뉴스 큐시트라고 생각한 것이다. 그런데 뉴스를 진행하는 도중에 방송 사고가 났다. 원고와 프롬프터에 올라오는 내용이 달라 당황한 것이다. 순간적인 판단으로 프롬프터 사고라는 확신이 들어 프롬프터 내용을 무시하고 원고를 보면서 진행했다. 큰 문제 없이 방송이 송출되었지만, 만약 그때 순간적인 판단으로 프롬프터에 적혀있는 원고를 읽었다면 어떻게 됐을까 아찔하다.

뉴스 진행자는 최종 전달자다. 이와 같은 사례가 생긴 경우 뉴스 피디와 아나운서 간의 책임소재 분쟁이 있을 수 있기에 사전에 확인을 분명히 해야 한다. 반드시 최종본 여부를 피디에게 확인하고 이후 본인은 최종 승인받은 큐시트의 순서대로 방송을 진행하겠다는 의사를 분명히 밝혀야 한다.

뉴스 원고를 예독한 후에는 분장실로 이동해 뉴스에 맞게 헤어와 메이크업을 받는다. 예독 시 시제를 꼭 확인해야 하는데 간혹 오늘이나 어제와 같은 시제를 읽을 경우 날짜와 시간이 맞지 않는 시제일 수 있기 때문에 반드시 확인을 해야 한다. 시제 확인을 통해 한 번 더 실수가 없도록 하고 모르는 용어의 경우 기자를 통해 확인해서 정확하게 리딩할 수 있도록 점검한다.

분장 시 메이크업은 색조 없이 이목구비가 깨끗하게 연출될 수 있도록 한다. 눈매교정이나 윤곽교정을 위주로 하고 특히 크로마키가 있는 경우나 LED 화면 앞에 서게 되는 경우를 고려해서 의상을 선택한다. 메이크업과 의상을 입었다면 다시 한번 편집실에 들러 최종 뉴스를 확인한다. 그런 다음 앵커용 원고를 챙겨 스튜디오로 향한다. 스튜디오에 들어가기 직전까지 편집이 수시로 바뀔 수 있으므로 편집 데스크의 최종 점검 단계인지를 거듭 확인하는 것이다.

스튜디오에 들어가서는 의자 높이를 수정해 카메라에 비치는 모습을 확인하면서 앉은 자세를 체크한다. 이후 핀 마이크와 이어폰을 반드시 착용해 뉴스 진행 피디나 엔지니어가 전달하는 사항을 계속 확인하며 뉴스를 진행한다. 이때 마이크나 이어폰 줄이 보이지 않도록 뒤로 돌려 귀에 꽂는 것도 잊지 말아야 한다. 생방송 진행 중에도 이어폰을 통해 실시간으로 바뀐 부분을 전달받을 수 있다. 리딩 중에 헷갈리거나 어려울 수 있으나 익숙해지도록 노력해야 한다.

프롬프터가 카메라에 뜨는 경우 오작동이 있는지 여부를 꼼꼼히 체크한다. 스튜디오 안에는 모니터가 두 대가 있다. '예비화면'과 '프로그램 모니터'다. 예비화면에는 준비된 자료화면이나 앞으로 나갈 화면이 정지 혹은 움직이는 상태로 떠 있다. 뉴스데스크에 앉으면 정면 카메라가 앵커의 모습을 잡는데 이때 예비화면을 통해 앵커는 카메라에 비친 본인의 의상이나 헤어를 보고 정돈할 수 있다. 프로그램 모니터는 지금 나가고 있는 화면 즉, 시청자가 시청하고 있는 화면이다. 현장에 어색한 곳은 없는지 이 화면을 통해 '확인'해야 한다.

예전에 뉴스 생방송에서 자료화면이 나가고 있는 사이에 나도 모르게 의자 등받이에 몸을 기댄 적이 있었는데 갑자기 모니터가 자료화면에서 앵커 샷으로 바뀌는 바람에 미처 자세를 정돈하지 못했다. 종종 발생하는 실수다. 자료 화면이 나가는 동안 긴장을 늦추거나 방심하게 되니 이럴 때 사고가 날 수 있는 것이다. 한 동료 아나운서는 기자 취재 영상이 송출되는 동안 거울을 보며 화장을 수정했는데 이 모습이 고스란히 방송이 되어 사과 멘트를 하기도 했다. 뉴스는 생방송이기 때문에 한순간의 실수가 엄청난 사고로 이어질 수 있다. 철저하게 준비해 긴장의 끈을 놓지 말아야 한다. 집중하는 자세를 가지고 있어야 갑작스러운 방송 사고에도 대처할 수 있을 것이다.

# 뉴스 전달 외
# 아나운서가 하는 일이 또 있나요?

아나운서는 뉴스뿐만 아니라, 다양한 유형의 프로그램에 투입된다. 교양프로그램, 오락프로그램 진행을 비롯해 라디오 진행, 그리고 내레이션, 각종 스팟 광고 녹음과 스포츠 중계방송 등 진행자로서 역할을 한다. 예를 들어 공중파는 본사에 아나운서 인력풀이 많기 때문에 각각의 전문성을 살려 특화된 아나운싱으로 전문 프로그램을 맡는다. 반면에 지역국이나 작은 규모의 방송사의 경우 아나운서가 절대적으로 부족하다. 아나운서 한 명에게 주어지는 프로그램이 많고, 분야도 다양하기 때문에 다재다능한 이가 유리하다.

'뉴스 캐스터'라고 정의하는 뉴스 진행자는 방송에서 뉴스를 읽거나 전달하는 역할을 한다. 우리나라는 통상 편집된 뉴스를 순서대로 읽으며 진행하는 사람을 말한다. 앵커는 주로 미국에서 사용하는 말로, 여기저기 뉴스 현장에 나가 있는 리포터들의 보도를 엮어가면서 뉴스 프로그램을 진행하는 이른바 다원적 방송뉴스의 종합 사회자 겸 해설자이다. 요즘에는 전문 뉴스 종합 프로그램들이 많이 생겼다. 우리나라에서도 아나운서가 시사 전문 앵커로 활약하는 경우가 많아졌다.

오락이나 쇼, 교양 진행자는 해당 프로그램에서 사회를 맡는다. 시청자들은 MC를 보기 위해서가 아니라 출연자의 이야기나 프로그램의 내용에 주목하기 때문에 MC의 역할이 필요하다. MC는 시청자들이 출연자들의 이야기나 프로그램의 내용에 몰입할 수 있도록 '조정자 역할'을 해야 한다. 마치 교통정리를 매끄럽게 해주는 교통경찰처럼 프로그램의 목적이 잘 수행될 수 있도록 돕는 것이다. 같은 프로그램이라도 MC의 개성에 따라 프로그램의 색과 결이 달라질 수 있기에 진행자는 자신의 매력을 기반으로 프로그램이 돋보일 수 있도록 해야 한다.

'내레이션' 또한 아나운서가 가진 많은 역할 중 하나다. 내레이션의 사전적 의미는 영화나 TV 프로그램의 화면에 맞춰 해설하는 것을 뜻한다. 화면에 대한 설명과 함께 배경음악이나 음향효과가 깔리는 것이 보통이며 프로그램의 형식과 내용에 따라 해설의 템포나 억양, 분위기를 다르게 하며 아나운싱을 해야 한다. 고도의 숙련된 아나운싱이 필요하기 때문에 아나운서들이 어려워하는 분야이기도 하다. 최근 성우나 배우가 진행하는 경우도 많아졌다.

스포츠 중계방송은 현장에서 이루어지는 역동적인 순간을

즉시 묘사해 시청취자들에게 생생하게 전달하는 역할을 담당한다. 스포츠를 각본 없는 드라마라고 말하듯 정해진 원고나 시나리오가 없기에 캐스터와 해설자의 역량에 따라 프로그램의 성공 여부가 결정된다고 해도 과언이 아니다. 시시각각 변하는 경기상황을 드라마틱하게 전하는 센스와 재치는 물론이고, 정확한 언어 구사와 상황전달을 위해 해당 종목에 관한 전문지식 또한 갖추고 있어야 한다. 몇 년 전까지만 해도 스포츠 중계는 남자 아나운서들의 전유물처럼 인식되었지만, 최근에는 여성 진행자들이 늘어나는 추세다. 남녀 모두 자신의 개성을 살려 도전해볼 만한 분야라고 여겨진다.

라디오는 많은 아나운서가 애정을 갖는 프로그램 중 하나다. TV와 달리 청취자들과 쌍방향 소통이 가능하며 정서적으로 아날로그적 감성을 느낄 수 있는 매체이기 때문에 많은 아나운서가 선호하는 분야다. 내레이션과 비슷하게, 청취율을 독식하는 간판 프로그램에는 유명한 가수나 배우, 방송인들이 이 자리를 꿰차고 있다. 그러나 프로그램에 따라, 회사 내규에 따라 아나운서만이 할 수 있는 프로그램도 있다. TV와 달리 고정 청취자들이 꽤 많은 분야다. 그간 라디오 부스 안 마이크 앞에 앉았던 아나운서를 떠올려 보자. 그들은 특유의 인간미를 보여주는 사람들로, 따뜻한 감성과 재치 있는 입담을 가지고 있었다. 청취자들의 사연을 읽고 공감하고 그에 맞는 멘트를 바로 전해야 하기 때문이다. 라디오 특성상 매일 같은 방송시간을 책임질 수 있는 부지런함과 성실함이 요구된다.

예전처럼 한 우물만 파는 아나운서는 이제 없다. 수십 년 간 뉴스를 진행하고, 간혹 교양프로그램에 투입되던 시대와는 환경이 달라진 것이다. 전보다 방송을 송출하는 채널이 훨씬 다양해졌다. 또, 하나의 프로그램 안에 여러 가지 분야가 접목된 경우도 많다. 덕분에 다채로운 이력을 가진 이들이 아나운서가 되어 다양한 분야의 방송을 진행하게 되었다. 입사 이후에도 끊임없이 공부하며 다른 사람들이 부러워할 만한 경력을 갖췄을 때도 펜을 놓지 않는다.

후배 중 한 친구는 아나운서로 재직하면서 경제 관련 자격증을 취득했다. 시황뉴스를 전하면서 본인의 전문성을 높이기 위해 공부를 한 것이다. 본격적으로 주식 운용에 관련한 공부를 시작해 전문 자격증을 취득하기도 했다. 스포츠 채널에 일하는 친구들은 현장감을 익히기 위해 개인적인 시간을 할애했다. 직접 취미 클럽 활동을 하며 맡은 스포츠 종목에 대한 이해도를 높인 것이다. 다양한 사례가 더해질수록, 그동안 아나운서라는 이름에 씌워졌던 고정관념도 조금씩 벗겨지고 있다.

# 2    아나운서의
       목소리

가수 양희은 씨와 한 무대에 서서 프로그램을 진행한 적이 있다. 음향과 동선, 조명 등을 꼼꼼하게 체크하며 무대를 준비하는 양희은 씨의 모습이 인상적이었다. 그 이후 나는 매 행사 시작 전에 예민하게 마이크를 점검하게 되었다. 양희은 씨의 모습과 내 모습이 오버랩 되어 웃음이 나기도 했다. 마이크 테스트를 할 때는 혹시 내 목소리가 지나치게 울리는 건 아닌지, 관객에게는 잘 들리는데 스스로가 작다고 판단해서 소리를 지르고 있는 건 아닌지, 이퀄라이징 EQ. 장비를 통해 소리의 톤이나 밸런스를 조정하는 오디오 후 나오는 소리가 괜찮은지 등을 꼼꼼히 따지게 된다. 아나운서는 음성으로 콘텐츠를 전달하는 전문가라는 생각이 굳건해진 것이다.

목소리는 아나운서의 존재감을 강하게 만드는 요소다. 아나운서가 정보를 전달하고 청취자를 참여시키며 특정 분위기나 톤을 만들기 위해 사용하는 주요 도구이기도 하다. 진행자의 개인적인 스타일, 전문성, 그리고 청중들의 관심을 사로잡는 능력의 반영이기도 하다. 명료하고 선명한 음성, 안정감 있는 발성, 정확한 발음 등 전달력을 갖추는 것은 아나운서에게 필수적인 일이다. 더불어 메시지의 깊이를 더할 수 있는 음성 연출능력이나 감정표현도 중요한 부분이라고 할 수 있다. 막상 아나운서로 일하다 보면 청중의 흥분, 열정, 진지함 등 맥락에 맞는 감정을 불러일으키는 능력이 얼마나 중요한 부분인지를 깨닫게 된다. 특유의 카리스마인 것이다. 손석희 아나운서의 강하고 자신감 있는 목소리로 느껴지는 권위와 신뢰성, 이금희 아나운서의 여유로움과 따뜻함 등은 누구나 쉽게 떠올릴 수 있다. 아나운서의 목소리는 그 자체로 브랜드가 되는 것이다.

매력적인 목소리는 아나운서와 시청취자를 사로잡고, 지속적인 인상을 남겨 연결을 더욱 긴밀하게 한다. 따라서 타고난 음색이 매력적이고 개성 있다면 훨씬 유지한 고지에서 출발할 수 있다. 아이돌 스타이자 예능 스타로 활약을 펼치고 있는 연예인 황광희가 모 프로그램 우스갯소리로 했던 말이 기억에 남는다. 아이돌 중에 특정 멤버가 노래를 잘하면 메인보컬이 되고, 춤을 잘 추면 메인 댄서가 되지만 특출나게 잘생기거나 예쁘면 바로 한국을 대표하는 앰버서더가 된다는 것이다. 그는 타고난 자들이 때로는 부럽기도 하다고 말했다. 진심이 섞인 농담이라 마냥 개운하게 웃을 수만은 없었다.

하지만 타고난 음성적 매력에도 불구하고, 트레이닝을 게을리하는 아나운서는 그 본연의 빛을 잃게 된다. 한편, 타

고난 음색이 좋지 않아도 훈련을 통해 발성과 발음, 자신
만의 스킬들을 다듬어 전혀 다른 목소리를 표현할 수 있
게 되는 경우도 많다. 스타니슬라프스키는 목소리를 관리
하지 못하는 배우를 '조율되지 않아 덜거덕거리는 악기'로
비유했다. 프리드리히 니체도 비슷한 이야기를 했다. 말하
기에 있어 가장 중요한 것이 '말할 때 따라붙는 말투, 강세,
변조, 템포 그리고 단어들 뒤에 숨어있는 가락을 읽어낼
줄 아는가'와, '그 가락 뒤에 열정과 개성을 표현할 수 있
는가'라고 말이다. 이런 부분을 가장 전문성 있게 해내는
사람이 바로 아나운서라고 할 수 있다.

# Q1
# 아나운서만의 발성법이
# 따로 있나요?

요즘 유튜브에서 '한 호흡 챌린지'라는 영상을 심심치 않게 볼 수 있다. 숨을 쉬지 않고 한 번에 긴 원고를 읽어 내려가는 영상인데, 이는 한 호흡 당 내뱉는 음절의 수를 늘림으로써 말의 유연성을 기르기 위한 훈련이라고도 할 수 있다. 발성은 아나운싱의 기본 중 기본이다. 아나운싱의 많은 요소 중 발성은 특히 강도 높은 훈련을 필요로 한다. 이런 훈련의 과정이 처음에는 어렵게 느껴지지만, 목소리가 나오는 메커니즘을 이해한 뒤에는 고개를 끄덕일 수밖에 없다.

우리가 공기를 들이마시고 내쉬면서 호흡을 할 때, 내쉬는 공기가 성대를 지나면서 그것을 진동시킬 때 목소리가 만들어진다. 이때 흉식호흡이 아닌 복식호흡을 통해 들숨의 공기양을 많이 확보해서 날숨으로 나가는 공기가 오랫동안 성대를 진동시켜야 한 번의 호흡으로 오랫동안 소리를 낼 수 있다. 잦은 숨쉬기로 끊어 읽기를 하게 되면 음성이 단조로워지고 목소리를 연출하는 데 한계가 온다. 마치 도화지가 작으면 그려낼 수 있는 그림이 제한되는 것과 같은

원리다. 또, 한 호흡 당 내뱉는 음절의 수가 많을수록 유려한 말하기가 가능해진다. 뿐만 아니라 이렇게 성대를 통해 만들어진 소리는 후두 위에 위치한 인두, 비강, 구강과 같은 공명기를 거치면서 크고 부드러우면서 울림이 있는 독특한 음색을 만들어낸다. 안정감 있고 울림이 있는 편안한 음성을 만들기 위해 이러한 호흡법과 적절한 공명 발성법을 훈련하는 것이 좋다.

나는 아카데미에서 아나운서 지망생들에게 발성을 훈련시킬 때 호흡과 소리를 종종 계란에 비유 한다. 계란을 소리라고 가정해보자. 가슴에서 얹힌 그것을 토해낼 때와 그것이 밖으로 나가는 거리감, 그리고 뱃속으로 소화가 된 계란이 복압을 통해 밖으로 토해질 때의 거리감을 생각해보는 것이다. 발성력은 일종의 복압으로 밀어 올려주는 소리의 힘과도 같다고 말할 수 있다.

이처럼 아나운싱을 위한 발성은 복식 호흡을 활용한다. 복압으로 밀어내지는 날숨이 성대를 진동시키는 과정을 통해, 한 번의 호흡으로 만들어낼 수 있는 목소리의 생성 지속시간을 늘리고 힘 있는 목소리를 만들어내는 것이다. 또한, 소리가 나올 때 목이 조이거나 입안의 공간이 눌려 깨끗한 소리가 나오는 것이 방해되지 않도록 목을 이완한다. 혀가 차분하게 내려가도록 해서 입안의 공간을 확보할 수 있도록 하는 것이 혀의 긴장을 풀어준다. 아나운싱을 할 때는 소리가 부드럽게 나올 수 있도록 비강과 성대에 울림을 주어 긴장을 푸는 보컬 워밍업을 충분히 한다.

발성 시 음역 조절이 굉장히 중요한데 본인의 톤보다 과도하게 높거나 낮은 톤을 사용하면 성대에 무리가 올 수 있다. 상황에 따라 어조의 변화를 주면 생동감 있는 목소리를 낼 수 있다. 특히 입안의 공간을 확보하는 것이 굉장히 중요하다. 모음 발음 시, 입 주변의 근육이 '으'나 '이'와 같이 옆으로 벌어지는 운동보다는 '어'와 '아'의 모양으로 근육이 움직이는, 즉 아래턱을 내리고 올리는 운동으로 발음이 생성될 수 있게 해야 한다. '으'나 '이'의 모양으로 발음

을 만들다 보면 입안의 공간이 적어지면서 발성이 제대로
일어나지 않을 수 있다. 턱 운동을 하면서 입 주변의 근육
을 위·아래로 움직여 발음을 만드는 것이 좋다.

## Q2
# 발음을 정확하게 하는
# 노하우가 있나요?

드라마 〈이상한 변호사 우영우〉에서 주연 배우의 발음과 발성이 대중들에게 크게 주목받았다. 동시에 다른 배우들의 발음 연습법도 유튜브 상에서 높은 조회수를 기록했다. 많은 영상 중 서현진 배우의 훈련법이 매우 인상적이었다. 그녀는 발음할 때 '혀 운동'을 제일 열심히 한다며 실제 운동법을 영상으로 보여주었다. 나는 그것이 매우 설득력 있는 훈련법이라고 생각해 고개가 끄덕여졌다.

정확한 발음을 내기 위해서는 각 소리에 따른 조음점의 위치를 파악하는 것이 중요하다. 조음기관들이 그 위치를 잘 찾아 소리를 내야 발음도 정확해지는 원리다. 이때, 혀를 유연하게 다룰 줄 알아야 한다. 특히 자음을 발음할 때는 정확한 조음위치에 혀가 닿아야 한다. 모음 소리를 낼 때는 혀를 편안하게 아래쪽에 안착시켜 입안의 공간을 확보하는 것이 좋다. 입안 소리가 아무런 방해도 받지 않고 나올 수 있도록 하는 것이다. 실제로 훈련이 필요한 분들에게는 딱 세 가지를 기억하라고 말하고 싶다. 첫째, 이중모음을 정확하게 표현하고 있는가. 둘째, 모음과 모음의 변환이 정확하고 빠르게 이루어지는가. 셋째, '마지막 음절의 받침 음소의 음가'를 끝까지 정확하게 표현하는가.

먼저, 각각의 음절을 끝까지 완벽하게 발음하는 것이 정확한 발음의 시작이다. 특히 음절의 최소단위인 음소의 음가를 완전하게 표현하는 것이 중요하다. 예를 들면 '정확'이라는 단어에서 '정'이라는 글자는 ㅈ,ㅓ,ㅇ의 음소로 합쳐진 것이고, '확'이라는 글자는 ㅎ,ㅘ,ㄱ의 음소로 이루어진 글자이다. 이때 이중모음인 [ㅙ]의 발음을 어떤 식으로 표현하느냐에 따라 발음이 명확해질 뿐만 아니라 화자의 이미지까지 달라진다. 아나운서들의 스피치가 남다르고 특별하게 느껴지는 이유는 이중모음과 장음, 그리고 포즈의 표현에 의한 매력 덕분이다. 물론 발성 특유의 개성적 음색, 어조의 연출도 있지만, 발음의 역할은 거듭 강조해도 부족할 만큼 크다. 그런 만큼 이중모음의 표현은 아나운싱의 전체적인 완성도에 큰 영향을 미친다. 특히 화자가 이중모음을 정확하게 구사할 때, 화자는 품위와 세련미를 갖게 된다.

"너 아홉 시 뉴스 봤니?"라는 말에서 아나운서는 '홉'이라는 글자를 이루는 ㅎ과 ㅂ의 음가를 정확하게 표현하려고 한다. 또, '봤니'라는 글자에서 [ㅙ]라는 이중모음의 발음을 또렷하게 표현하고자 한다. 반면 보통의 사람은 "너 아옵시 뉴스 밨니?"라고 발음한다. 이 글을 읽으면서 문장을 따라 읽어봤다면 이같이 말하고 있는 자신을 발견했을 것이다. 하지만 만약 앞으로 말을 뱉을 때 이 부분을 의식한다면, 그 순간부터 발음이 좋아질 것이다. 발음표현은 정확한 발음 구사를 위한 의지를 가지고 접근하느냐, 그렇지 않냐에 따라 그 표현에 있어 큰 차이를 보인다는 말이다. 훈련의 첫걸음으로 11개의 이중모음(ㅑ ㅒ ㅕ ㅖ ㅘ ㅙ ㅛ ㅝ ㅞ ㅠ ㅢ) 을 정확하게 표현하고자 노력해보길 권한다.

두 번째로, 모음과 모음의 변환에서는 그 정확도를 높여야 한다. 아나운싱 교육을 진행하면서 많은 아나운서 지망생들에게 제발 아래턱을 움직이라고 말한다. 입술이나 아래턱을 위·아래로 움직이지 않는 사람들이 많은 것이다. 아래턱을 움직이지 않은 채 그저 입술의 모양만 양옆으로 움직이다 보면 답답한 발음이 형성된다. 모음을 발음할 때 모든 모임이 '으' 발음화 되어 공명음이 줄어들기 때문이다. 나 또한 언젠가부터 비슷한 습관을 갖게 되어 훈련을 반복할 때가 있었다. '아버지'라는 글자를 발음할 때 '아'라는 글자에서 아래턱이 내려가는지 손으로 한번 턱을 만져보자. [아]와 [버]에서 아래턱을 내려 움직이면 훨씬 명료한 발음을 낼 수 있다.

'아'에서 '어'로 모음 소리의 조음점이 바뀌게 되는 시점이 있다. 발음훈련을 하지 않은 일반인들은 이 시점에서 정확한 변환을 하지 못한다. 그런 경우에는 [아,버,지]가 아닌

[아,브,어,지]를 빨리 발음하는 것처럼 보이는데, '어'와 '으'의 중간발음이 생기면서 명료성이 떨어진다. 특히 모든 모음이 '으' 발음화 되는 경직 현상이 나타나고, 이런 현상은 나이가 들수록 뚜렷해진다. 나는 그 이유가 사람들의 정서 상태의 변화와 맞닿아 있다고 생각한다. 보통사람은 나이가 들수록 감정의 나이에 무뎌진다. 스스로 감정의 변화를 줄이면서, 덩달아 그 감정을 표현하는 다양한 연관 근육들도 변화에 둔감해지는 것이다. 위아래로 턱 근육을 움직일 때는 동력이 크게 요구되기 때문에, 절제된 표정으로 말하기 위해서는 좌우 움직임에 익숙해질 수밖에 없다.

마지막으로, '마지막 음절의 받침 음소의 음가'를 끝까지 정확하게 소리 내야 한다. 예를 들어, 받침 소리인 [ㄱ] [ㄴ] [ㄷ] [ㄹ] [ㅁ] [ㅂ] [ㅇ]을 발음할 때 정확하게 끝까지 소리를 내고 있는지 확인해야 한다. 그렇지 않으면 [안녕하세요]라는 인사는 곧잘 [아녕하세요]가 되고 만다.

예전에 〈신사의 품격〉이라는 드라마가 있었다. 특히 주인공 4인방의 과거 고교 시절 미팅 장면이 인상 깊었다. 미팅에 나온 여자들이 썩 마음에 들지 않자, 배우 장동건은 극 중에서 본인의 매력을 반감시키기 위한 작전을 쓴다. 손을 번쩍 들고 외치는 것이다. "여기 뽀떼이또 돔 두테요!" 결과는 예측한 그대로였다. 부정확한 발음이 부정적인 이미지로 직결된 순간이 아닐까 싶다. 이처럼 발음의 표현은 그 사람의 이미지로도 쉽게 이어진다. 이 부분 만큼은 아나운서가 아니더라도 신경 써 보자. 당신의 매력을 배로 만드는 일상 속의 치트키가 될 수 있다.

# Q3
# 사투리는
# 절대 사용하면 안 되나요?

아나운서는 기본적으로 표준어를 사용함을 원칙으로 하고 있다. 불특정 다수의 시청취자들을 대상으로 내용의 명확성과 일관성을 통해 오해가 생기지 않도록 표준화된 언어나 억양을 유지하는 것이다. 특히 단어 낱개의 표준어 구사도 중요하지만, 특정 지방의 억양이 섞이지 않은 자연스러운 표준어 구사가 우선이다. 방송은 사투리에 익숙하지 않은 사람들도 보고 들을 수 있기 때문에 이해력의 잠재적인 문제를 고려해야 한다. 그것은 시청자를 향한 배려고, 우리들의 의무다.

한번은 부산이 고향인 한 기상캐스터 동료가 "가을비가 내립니다."라는 멘트를 하는데, "갈비가 내립니다."라고 들린 적이 있었다. 방송한 동료도 모니터하던 나도 동시에 웃음이 터졌다. '으' 발음이 어려웠던 탓이다. 사투리를 사용하는 것은 때로는 방송을 보는 시청자들로 하여금 주관성이나 개인적인 편견을 도입할 수 있다. 그것은 공정성에 대한 인식에 영향을 미치기도 한다. 물론 특정 상황에서 지역 시청자와 연결하거나 콘텐츠에 로컬 풍미를 추가하기 위해 의도적인 사투리를 쓸 수는 있다. 그러나 사투리를 전면적으로 사용하지는 않는다는 것을 기억해야 한다. 지역별 언어적 차이를 인정하고 존중하되 광범위한 시청자들을 위해 명확성과 포괄성을 가지는 표준어 사용을 해야 한다.

강의 중에도 직장생활을 하던 어떤 분께 "사투리를 사용하는 것이 안 좋은가요?"라는 질문을 받은 적이 있다. 나는 '안 되는 것은 아니지만 불리할 수 있다'라고 답했다. 사투리는 보통 어조를 통해 형성된다. 우리는 흔히 중요하다고 생각하는 단어의 억양을 올려주면서 어조를 형성하는데, 사투리를 사용하는 사람은 중요하지 않은 특정 음운에 특유의 어조가 들어간다. 그렇게 되면 정작 강조해야 하는 단어는 힘을 받지 못하고 어조 연출도 되지 않아 전달력이 떨어질 수 있다. 특정 글자에 어조가 생기지 않도록 의도한 단어에 어조를 형성하는 연습을 하면 좋다. 노래하듯 말하는 방식도 추천한다.

# Q4

# 정확한 전달 외에도
# 필요한 요건이 있나요?

아나운서들에게는 계속해서 학습하는 자세가 필요하다.
방송이 끊임없이 진화하기 때문이다. 다양한 분야에 대한
지식, 순발력, 유머 감각과 재치, 새로운 기술과 산업 동향
을 살피는 트렌디함에 더해 인간적인 매력까지! 둘러보면
개발할 수 있는 분야는 너무나 많다. 아나운서라면 누구나
표현력과 풍부한 감성을 가지고 있다. 소위 성공한 아나운
서들은 만능 엔터테이너에 가까운 팔방미인이 많다. 하지
만 모든 것을 다 잘할 수는 없기 때문에 누구나 자신만의
강점은 가지는 것이 중요하다.

우선 아나운서는 프로그램 진행자로서 프로그램과 관련된
모든 것들을 통솔할 수 있어야 한다. 기본적으로 요구되는
전달력 외에도, 진행자로서 프로그램 시청자들과 공감대
를 형성하는 능력이나 전문패널 및 게스트와 매끄럽게 대
화를 이어갈 수 있는 유연한 커뮤니케이션 역량이 필요하
다. 아나운서는 다양한 청중들과 접촉하기 때문에 상황과
대상에 대해 면밀히 파악할 수 있어야 한다. 문화적인 뉘
앙스와 사회적 규범을 민감하게 인지하되 고정관념으로

대처하는 것은 피해야 한다.

그 과정에서 포용력을 발휘해 다양한 청중과 긍정적으로 연결되는 것이 중요하다. 요즘은 아나운서의 이런 정서적 역량에 의해 인기와 인지도가 크게 달라진다. 방송 안팎에서 이러한 태도를 유지하기 위해 많은 공부와 훈련이 필요했을 것이다. 생방송의 경우 시간을 잘 조정하는 것이 중요한데, 이때 세련된 진행을 하기 위해서는 평소 전문성을 갖추고 있어야 한다. 프로그램을 리드하는 공인인 만큼 평소 행실과 평판에도 신경 써야 한다. 여러 가지 압박이나 예상치 못한 상황을 마주했을 때 침착하게 대응하는 능력도 필요하다.

사내에서 후배 아나운서를 지도할 때나 아나운서 양성 학원을 운영하면서 교육생들을 만날 때 내가 가장 강조하는 부분이 있다. 풍부하고 세련된 방송언어를 구사해야 한다는 것이다. 최근에는 특히 어법에 맞지 않는 언어를 사용하거나 비속어, 외래어를 남용하는 사례가 많다. 아나운서는 어휘의 표준이 되기 때문에, 이런 상황에서는 더욱 바른 언어를 사용해야 한다.

다양한 국적의 언어를 활용할 수 있다면 좋다. 외국어 활용에 자유로울수록 맡을 수 있는 프로그램도 많아지고 필요한 상황에서 빠르게 대응할 수 있기 때문이다. 인터뷰

기술 역시 매우 중요하다. 인터뷰이가 하는 답변의 맥락을 파악해서 그와 연관된 꼬리 질문을 해나가다 보면 풍성한 결과물을 얻게 된다. 특히 상대를 배려하는 사려 깊은 질문은 인터뷰 참가자를 편안하게 참여시킨다.

이처럼 여러 가지 역량을 활용하는 가운데, 아나운서는 공공의 윤리적 지침과 방송 표준을 잘 숙지하고 있어야 한다. 지침에는 정보를 전달할 때 공정성, 정확성, 객관성 및 개인 정보와 기밀성의 원칙을 이해하는 것이 포함된다.

# Q5
# 목소리도 훈련하면
# 달라질 수 있나요?

입사 1년차 때의 일이다. 프로그램을 진행하면서 녹화한 파일을 모니터링할 기회가 있었는데, 내 목소리를 듣고 깜짝 놀랐다. 입사 이후 내 목소리가 지속적으로 변해 온 것이다. 1년 사이 무슨 큰 변화가 있을까 싶지만, 차례대로 비교하며 들어보니 그 차이가 꽤 컸다.

흔히 목소리를 '또 다른 지문'이라고 말하며 사람의 고유한 것으로 인식하는데, 그것은 사실이 아니다. 지문은 그 패임의 정도가 옅어질 뿐 평생 같은 결을 가지는 데 반해 목소리는 다양한 훈련을 통해 충분히 변할 수 있다. 다시 말해, 전보다 더 좋은 목소리 톤과 더 큰 울림을 주는 성량을 가질 수 있다는 것이다.

나는 대학 시절부터 방송 관련 경험을 쌓기 위해 리포터 활동을 오래 해왔다. 현장의 생동감을 살리기 위해 높은 톤을 주로 사용했었던 나는, 입사 이후 뉴스 프로그램을 진행하면서 중저음의 목소리를 연출해야 했다. 꾸준히 저음훈련을 한 덕분에 지금은 필요에 따라 목소리를 자유자

재로 활용할 수 있게 되었다. 비단 성량뿐만 아니라 성우와 같이 다양한 목소리를 연출할 수도 있다.

아카데미에 다니던 시절, 선생님이 '말을 연주하는 것처럼 하라'고 했던 기억이 난다. 우리말의 고저장단은 바로 음악에 있다는 것이다. 말이 마치 멜로디나 리듬과 같아서 높고 낮음, 길고 짧음이 잘 조화를 이룰 때 음악처럼 아름다운 말이 될 수 있다고 하셨다. 실제로 말을 할 때 이러한 장단음의 법칙을 잘 지키면서 말하면 호흡이 편안해진다. 더불어 자연스러운 리듬감을 형성하며 목소리에 생동감이 생긴다. 특히, 어조라는 개념이 있다. 슬픈 어조, 명랑한 어조, 무거운 어조, 높은 어조와 같이 음색에서 느껴지는 전체적인 느낌을 연출할 수 있다. 음성의 높낮이나 세기 길이뿐만 아니라 말하는 사람의 심리상태와 같은 말의 전체적인 분위기를 연출하는 것도 목소리를 매력적으로 나오게 하는 방법 중 한 가지다.

나는 아나운서 지망생들에게 특정 단어에 담겨있는 정서적 느낌을 음성을 표현하는 훈련을 시키기도 한다. 일종의 연기연습이다. 상황에 따라 감정의 수위가 각기 다르기 때문에 '빨갛다'라는 단어조차도 각자 표현의 강도가 다를 수 있다. 감정의 수위를 조절하며 다르게 표현하는 훈련을 기울이다 보면 정서적 느낌을 스스로 조율할 수 있게 된다. 특정 부분을 강조하면 어조의 강약 현상이 나타난다. 특정한 음절을 다른 음절보다 더 힘주어 소리 내거나, 속도의 변화 등을 표현할 때 일정한 길이의 시간적 공백을 두는 등 다양한 포즈로 음성적 매력을 가미할 수 있다. 악센트를 주는 패턴을 변형하거나, 끝 음의 연출을 바꾸는 등 말투 자체를 변형시키는 방법도 있다.

성대는 굉장히 예민한 부위다. 그렇기 때문에 자주 사용하다 보면 피로도가 높아져 음색이 탁해지거나 결절이 생길 수 있다. 그 결과 소리 자체가 변할 수도 있기 때문에 제대로 된 발성 훈련을 통해 맑고 깨끗한 목소리가 나올 수 있도록 해야 한다. 다양한 발성 훈련을 통해 각자 낼 수 있는 음역 범위를 확장하면 좋다. 마치 가수들이 보컬 훈련을 통해, 편안하게 더 높거나 낮은 음조에 도달할 수 있도록 하듯이 말이다.

# 3 아나운서의 일터

오랜만에 내레이션 요청을 받아 방송국으로 향했다. 라디오를 그만 둔 이후로 처음이다. 사업체가 커지면서 데일리 방송을 진행하는 데 무리가 있어 봄 개편을 앞두고 마이크를 내려놨다. 이후 방송국보다는 행사 MC 활동과 사업에 집중했다. 틈틈이 들어오는 방송국 일은 늘 출연료에 상관없이 기쁘고 들뜬 마음으로 받아들이게 된다. 방송국 특유의 분주한 회사의 분위기는 살아있는 생동감을 준다. 각 층마다 위치한 타 부서에는 그들만의 분위기가 형성돼 있는데 방송국을 방문할 때마다 느끼는 재미 중 하나다.

아나운서 지망생들에게 방송국은 건축물 자체가 꿈같은 공간이 된다. 마포대교를 넘어오며 멀리서 방송국 건물을 본 적이 있다. 우리 경제의 동맥이 있는 증권가, 정치의 중심, 그리고 방송의 메카인 여의도. 그곳은 늘 치열하고 분주하고 역동적이다. 절대 불이 꺼지지 않는 곳으로 도심 야경의 한 축을 이루고 있다. 현대인의 열정을 시각적으로 보여주는 이 모습은 아나운서가 되기 이전에도, 이후에도 경이롭게 느껴졌다.

아나운서 시험을 치르러 갔을 때 목격했던 연예인과 현직 아나운서들의 모습, 더불어 삼엄한 경비 같은 것들이 나를 위축시켰고 꿈꾸던 것을 더 갈망하게 했다. 아직도 첫 시험의 기억이 강렬하다. 여의도에 한 방송사에서 카메라 테스트를 치르고 밖으로 나오자마자 극심한 위경련으로 길에 주저앉아 왠지 모를 서러움에 통곡한 적이 있다. 카메라 테스트를 준비하는 수십여 명의 지원자들의 엄청난 미모와 실력에 위축되었고, 너무도 들어가고 싶은 방송사에 첫 시험을 망쳤다는 속상함도 들었기 때문이었다.

어떤 기억은 냄새로 남아있다. 방송국 재직시절, 너무나도 안락하고 편안했던 라디오 부스실 냄새는 특히 잊히지 않는다. 방음시설이 갖춰진 나만의 공간에서 음악을 믹싱하고 기획했다. 에세이를 읽고, 그날의 오프닝을 구상했던 순간은 '일'임과 동시에 그 자체로 힐링의 시간이었다. 스튜디오란 공간의 매력은 어떠한가. 마치 나를 위한 연극 무대처럼 세팅되어 있는 스튜디오에서 의상을 갖춰 입고 앉아있는 모습을 떠올려보면 적당한 긴장과 설렘이 나를 휘어 싸는 것 같다. 빨간불이 켜지는 카메라 앞에 서 있을 때는 마치 세상과 분리된 듯 꿈의 공간에 와있는 듯하다. 모니터로 비치는 나 자신을 보며 원고를 예독 했던 그 감각을 잊지 못한다.

분장실에서의 좋은 기억도 많다. 맞춤형 의상들이 준비되어 있고, 따뜻한 조명 아래 각종 화장품 향이 풍긴다. 이곳은 아나운서들에게 편안함을 주는 담소의 공간이다. 사랑방 역할을 하는 이곳에서 많은 동료애를 느꼈다. 방송국 직원들은 일터인 이곳을 참 좋아한다. 아이들을 데리고 와 견학을 하는 경우도 종종 있다. 나 역시 그런 날이 있었다. 방송국에서 누구보다 빛나는 아나운서로서, 내 아이에게 일하는 곳을 보여줬던 경험은 내심 뿌듯하고 자랑스러운 기억으로 자리 잡았다.

예전에 뉴스를 진행하던 시절, 지진이 한번 난적이 있었다. 경미한 지진이었지만 나도 모르게 흔들리는 책상을 붙잡을 정도였다. 그러나 아나운서는 뉴스를 통해 상황을 전달해야 하기 때문에 당황하지 않고 속보를 전했다. 국가 위기상황이나 재난 상황을 그려낸 영화나 드라마를 보면 아나운서는 마지막까지 방송국 카메라 앞에 남아있다. 가라앉는 배에서 승객들을 모두 내보낸 후, 가장 마지막에 나가는 선장처럼 말이다. 방송국에 몸담고 있다 보면, 이 일에 내게 주는 기쁨과 즐거움 이면에는 마음속에 절로 깃드는 소속감과 사명감도 있다는 것을 알게 된다.

# Q1
# 아나운서는 방송국 내
# 어디서 일하나요?

사실 업계에서는 '방송국'을 특정 권력기관에 순치된 언론 기관으로 보는 경향이 강하다. 언론사 입사준비생들에게 방송국이라는 말을 사용하지 않도록 권고하고 방송사라는 표현을 쓰도록 하는데, 여기서는 단순한 시설로서 방송국을 언급함을 이해하기 바란다.

방송국은 주조정실과 부조정실, 스튜디오 세트실, 라디오 부스실, 작가실, 편집실, 각 부의 사무실의 공간이 있다. 주조정실은 프로그램을 수신하거나 분배해서 최종적으로 송출하는 공간이다. 부조정실은 프로그램 제작을 담당하는 곳으로, 스튜디오와 연동되는 시스템을 갖추고 영상, 음향, 조명을 제어한다. 각종 프로그램이 제작되는 스튜디오 및 세트장과 소품실, 분장실도 방송국의 필수 공간이다. 이 밖에도 기자들이 사용하는 편집실과 피디들의 편집공간도 많은 업무가 이뤄지는 곳이다.

아나운서들은 보통 사무실에 있는 시간보다 프로그램 촬영을 위한 공간에 있는 경우가 많다. 예를 들어 뉴스 방송

∧ 방송국 로비

에 종사하는 아나운서는 분장실과 편집부 그리고 스튜디오를 오가며 업데이트 된 뉴스를 수집한다. 기사를 조사하고, 기자들과 협력하고, 뉴스 발표를 준비하는 것이다. 특정 편성 프로그램을 진행하는 아나운서의 경우는 분장실과 리허설을 위한 리허설룸, 그리고 스튜디오를 오가며 방송을 준비한다. 라디오 진행자의 경우는 녹음 부스를 사용하며 각자 맡은 프로그램을 위한 장소에서 시간을 보내게된다.

방송사에 따라 아나운서실에는 신입을 위한 실무 교육 일정표와 중계방송 일정, 개인 스케줄과 각 시간대 뉴스 스

∧ 주조정실

케줄이 적혀있다. 그곳에서 배당 프로그램을 확인하는 것이 중요하다. 메이크업 시간대도 잘 확인해서 시간대가 겹치거나 혼선이 생기지 않도록 잘 조율해야 한다. 자료 수집을 위해 자료실에 가거나, 방송 모니터를 위해 편집실에 상주하는 경우도 많다.

이렇듯 아나운서는 주어진 일에 맞는 공간으로 수시로 이동한다. 맡는 프로그램에 따라, 방송 시작 전까지, 효율적이고 최적인 장소에서 시간을 보낸다. 즉, 방송국 내에 특별히 설계된 전용 영역에서 일하게 된다고 보면 된다.

# Q2
## 아나운서실에는
## 보통 몇 명의 동료가 있나요?

공중파 방송을 기준으로 KBS 아나운서는 약 100여 명, MBC는 50여 명, SBS는 30~40여 명 정도이다. 아나운서를 정규직으로 채용하는 TBS, CBS 평화방송, OBS는 20명 내외이며 이밖에 지역 지상파의 경우는 대개 10명 이내인 경우가 많다. 최근에는 정규직 공채가 줄어들어 이보다 더 적다는 얘기도 있다.

조직의 규모 대비 굉장히 소수의 인원이 있는 집단이기 때문에, 다른 부서에 비해 동료애가 훨씬 끈끈하다고 할 수 있다. 방송 시간대가 각기 달라, 같은 프로그램을 진행하지 않는 이상 생각보다 많은 시간을 함께 보내지는 못한다. 하지만 직업 특성상 활기차고 끼가 많은 이들이 많이 속해 있어 생동감이 넘치고 밝은 분위기가 유지되는 편이다. 아나운서는 스스로 프로그램을 선택하는 경우보다는 오디션을 통해 결정하거나 제작팀에서 오퍼를 주는 경우가 많다. 자연스럽게 경쟁 구도를 가지게 되는데 이것이 과열될 경우 자칫 갈등으로 이어질 수도 있다.

예전에 드라마 〈이브의 모든 것〉에서 아나운서들의 이야기를 다뤘다. 주인공이자 아나운서 역으로 나온 채림과 김소연이 앵커 자리를 놓고 갈등을 빚었다. 후배 기자와 앵커 자리를 놓고 싸우는 김남주 씨가 주연을 맡았던 드라마 〈미스티〉도 있었다. 아무래도 방송 욕심이 있다 보니 내부적으로도 경쟁이 치열한 직업이라는 것은 공감이 된다. 늘

69

자신을 먼저 점검하고 동료애를 다져 배려하는 분위기를 만들어 가는 것 역시 중요한 부분이라고 할 수 있다.

나는 동기가 없어 혼자였지만, 다른 아나운서 동기들의 사례를 지켜보면 느껴지는 것이 있었다. 동기와 비슷한 연차나 스타일을 가지게 되다 보니, 그들은 세상에 둘도 없는 절친이 되거나 아니면 극렬하게 사이가 좋지 않았다. 나는 선배로서 사이가 좋지 않은 후배들을 조율한 적이 있는데, 굉장히 어려웠던 기억이 난다. 지금 돌이켜보면 어린 나이에 타지에 와서 홀로 지내며 여러 가지 스트레스를 겪었을 것 같다는 생각이 든다. 공인으로서의 막중한 책임감과 시간 강박, 그리고 생방송이라는 엄청난 부담 속에서 일하다 보니 관계 부분에서도 예민해질 수밖에 없었을 것이다.

그래도 요즘은 방송사에 속한 정규직 혹은 계약직 아나운서들이 서로 협력 관계를 구축하고자 하는 노력을 많이 기울이는 중이다. 조직 내에서의 권익 향상에 힘쓰며 동료 간 끈끈함을 강조하려는 추세다. 아나운서의 울타리가 넓어지고 프리랜서 아나운서들이 증가한 것이 그 요인으로 작용했다. 정식 절차 없이 자체적으로 아나운서라는 이름을 붙여 활동하는 진행자들이 늘어난 것이다. 자연스럽게 방송국 소속 아나운서들은 단체 활동을 통해 폭넓은 사회 활동을 하려는 움직임을 보인다.

## Q3
# 외부 촬영 · 행사 시
# 어떤 준비가 필요한가요?

촬영장소는 다양하다. 내부 스튜디오 일정도 물론 있지만, 야외에서 촬영하는 경우가 꽤 많기 때문에 늘 출장에 대한 만반의 준비를 해야 한다. 주로 현장 보도나 라이브 이벤트 보도, 스튜디오 외부에서 진행되는 인터뷰 또는 다른 위치에서 원격 방송에 참여하는 경우가 있고, 행사 진행으로 외부에 나가는 경우가 많다. 날씨 상황에 따라 의상을 점검하고 리허설 시간까지 고려해서 미리 촬영장소에 도착해야 한다.

특히 아나운서는 현장 상황에 따라 준비를 위한 공간이 없는 경우가 많다. 메이크업 장소나 의상 착장 등 방송 준비를 위한 계획을 미리 잘 세워야 한다. 야외에서 촬영하거나 행사를 치를 때는 챙길 것이 많다. 예전에 야외 행사장 생방송 중에 갑자기 굵은 우박이 쏟아져서 정말 머리가 아찔할 정도로 아팠던 기억이 있다. 집에 돌아와 얼얼해진 머리를 문지르며 고단했던 하루를 마무리했었다. 우박 같은 갑작스러운 기상 상황은 예외지만, 미리미리 대비할 수 있는 것들도 많다. 아나운서는 연예인처럼 매니저가 있는

*Part 1* 아나운서, 말하기

게 아니기 때문에, 최상의 컨디션을 유지할 수 있도록 스스로 신경 써야 한다.

한 번은 한겨울 생방송 무대에서 입이 얼었던 경험도 있다. 발음이 되지 않아 당황스러웠던 기억이다. 그 후로는 야외에서 행사할 때 반드시 핫팩이나 손난로를 준비한다. 몸을 따뜻하게 녹여 얼굴 쪽 근육이 굳지 않도록 신경 쓰고 장갑도 반드시 착용한다. 구두 대신 부츠를 신고, 체온이 떨어지지 않도록 수시로 보온병에 물을 담아 틈틈이 마시며 몸을 녹인다. 슬리퍼는 여름용, 겨울용으로 준비한다. 계속 서 있는 자세로 방송하기 때문에 발이 아프지 않도록 신발을 여러 켤레 준비하면 좋다. 시간과 환경에 따라 식사를 못 하는 경우도 생기므로 간단히 먹을 수 있는 간식도 준비한다.

야외촬영이나 행사는 현장이 생각보다 더 열악한 경우가 많다. 예전에 한여름 기공식 행사를 했을 때 일이다. 당시 내빈들이나 관객들에게는 가림막이 있었으나 무대 위에는 별도의 조치가 없었다. 2시간가량 서 있어야 했던 나는 땡볕 더위를 피하지 못했다. 결국, 행사가 끝나자마자 그 자리에서 쓰러졌다. 전혀 조짐이 없다가 갑자기 어지러워지면서 쓰러진 것인데, 일사병이었다. 이러한 상황이 있을 수 있다는 것을 알고 계절별로 야외 스케줄의 위험 요인에 미리 대비를 해두자.

또 한 번은 삼면이 벽으로 되어있는 야외에 특수한 공간을
마련해 방송을 진행한 적이 있다. 진행하는 소리가 벽에 부
딪히면서 마이크 모니터로 들어왔다. 심각한 울림 현상이
생겨 굉장히 당황했었다. 야외공개 라디오 방송을 할 때는
갑자기 시민의 고함과 욕설이 섞인 고성이 오고 가는 다툼
소리가 마이크를 타고 흘러 들어간 적도 있었다. 생방송이
었던 만큼 곤란한 상황에 진땀을 빼고 말았다. 환경에 따
라 예상치 못한 상황은 얼마든지 발생할 수 있다. 리허설
에서는 예민하게 마이크 상태와 소리를 체크 해야 한다.

최근에는 야외에서 행사를 마쳐갈 때쯤 싸움이 벌어져 놀라기도 했다. 관객석 뒤쪽에서 촬영감독과 시민이 다툰 작은 소동이었다. 진행하는 나 역시 두 눈으로 그 장면을 목격했지만, 표정 변화 없이 의연하게 마무리 멘트를 전하며 행사를 매듭지었다. 다행히 큰 사고로 이어지지 않았지만 두근거리는 심장을 부여잡아야 했다.

이처럼 야외는 스튜디오와 달리 예측할 수 없는 날씨 조건과 주변 소음, 제한된 공간과 같은 문제에 직면할 가능성이 훨씬 크다. 모든 변수에도 불구하고 아나운서는 침착함과 집중력을 발휘해 청중과의 상호작용적이고 활기찬 분위기를 이어나갈 수 있어야 한다. 청중의 참여를 장려하고 환호성이나 구호를 이끄는 적극적인 분위기 메이킹도 필요하다. 카메라 운영자와 기술자, 감독을 포함한 제작팀과도 긴밀이 협력해야 한다.

때로는 행사 장소가 다른 도시나 국가가 될 수 있다. 예를 들어 '6시 내 고향' 같은 정보성 프로그램은 특집구성이기 때문에 타지역 촬영이 많다. 한번은 태국 파타야에서 진행되는 세계 축제 이벤트 협회 컨퍼런스 진행을 맡은 적이 있다. 태국 정부의 초청으로 파타야에 가게 됐는데 현장의 모든 스텝과 기획 운용을 맡은 담당자 또한 태국인이어서 당황했었다. 리허설 시 모든 상황에 대한 요청을 영어로 커뮤니케이션해야 했다. 이런 경우에는 외국어 역량은 갖춘 아나운서가 좀 더 환경에 빠르게 적응할 수 있다.

촬영장소 이동 시 제작팀이나 촬영팀은 회사에서 지원하는 공식적인 차량을 이용하는 경우가 많다. 그런데 아나운서의 경우는 개인의 의상을 포함한 짐이 많기 때문에 컨디션 관리를 위해 종종 따로 이동한다. 각 분야별로 준비할 것이 다르기 때문이다. 만약 외부 환경에 영향을 많이 받는 민감한 아나운서라면 상황에 따라 긴장도가 달라질 수 있는데 이런 경우 미리 한번 스케치를 다녀오는 것도 좋은 방법 중 하나다. 이동이나 숙소 식사의 경우도 지원 여부를 미리 확인하면 좋다. 본인의 컨디션에 맞게 개별적으로 이동할 것인지, 행사 시에만 합류할 것인지 등을 잘 고민해서 결정해야 한다. 방송을 앞두고 충분한 사전점검과 준비를 거치는 것은 아나운서에게 매우 중요한 일이라고 할 수 있다.

# Q4
# 아나운서는 어떤 사람들과
# 협업하나요?

야외에서 첫 인터뷰 촬영을 하는 날이었다. 나도 모르게 인터뷰어의 모습을 가리며 등진 자세를 취했는데, 그것을 본 카메라 감독이 벼락같은 호통을 쳤다. 나는 순간 깜짝 놀라기도 했고 창피하기도 해서 눈물이 났다. 그 카메라 감독은 방송국 선배이기도 했기 때문에, 이후에 술잔을 기울이며 죄송하다는 이야기를 전했다. 허심탄회한 대화를 나눈 끝에 지금은 누구보다 끈끈한 사이가 되었다.

방송국은 매 순간 섬세하게 돌아간다. 그래서 각자의 영역에서 예민해지는 포인트가 있다. 여러 분야에 있어 전문성을 가진 전문가들이 함께 모여 하나의 방송을 만들어야 하는 구조이기 때문에 협업 능력은 매우 중요한 부분이다. 나와 다른 입장의 전문가들과 어우러질 수 있는 포용력과 이해력, 커뮤니케이션 능력이 협업 능력이라고 할 수 있다. 특히 아나운서는 최종 전달자이기 때문에 정말 많은 사람과 소통한다. 예전에 '방송사 회식할 때 가장 바쁜 사람을 꼽으라면 아나운서다'라는 이야기가 있었다. 만약 부서별로 회식을 하면, 아나운서는 방송사의 전 부서 회식에

76

참석해야 하는 것이다. 카메라와 마이크가 꺼진 이후에도 쉴 틈이 없는 이유이기도 하다.

라디오 방송 진행에서는 전체 프로그램을 관리 지원하는 프로듀서, 작가, 그리고 기술적인 측면을 담당하는 사운드 운영자, 통신시스템을 점검하는 감독과 상호 작용한다. TV는 더 큰 팀과 함께 일하게 되는데 방송에 있어서 총괄 감독을 하는 CP, 프로그램 담당 피디와 메인작가, 보조작가, 스튜디오 내 카메라 감독, 부조정실에서 컨트롤하는 기술 감독과 사운드 장비를 다루는 오디오 감독, 조명감독을 비롯해 시각자료를 관리하는 그래픽 디자이너가 함께 소통한다. 메이크업아티스트, 의상 스타일리스트, 제작 보조원도 방송의 중요한 스텝이라고 할 수 있다. 주요 게스트나 전문패널과도 상시 소통하며 원활한 방송을 만들 수 있도록 노력해야 한다.

# Q5
# 현장의 분위기나
# 동료들과의 관계는 어떤가요?

아나운서의 동료는 방송을 제작하는 모든 스텝이다. 하지만 만약 누가 가장 긴밀하게 아나운서와 함께하는지를 묻는다면 단연 주요 연출진인 피디와 작가라고 할 수 있다. 특히 작가는 아나운서의 성격, 캐릭터, 말투까지 면밀하게 분석해서 마치 그 아나운서의 목소리가 실제 본인의 생각인 것처럼 방송을 통해 나올 수 있게 한다. 그를 위해 밀착해서 아나운서를 분석하고 친밀한 관계를 유지한다. 진행자의 에피소드를 통해 기획에 대한 아이디어나 프로그램의 멘트가 만들어질 수도 있기 때문에 사적인 시간도 자주 공유하는 편이다.

피디의 경우 모니터를 통해 계속해서 프로그램을 정비하고 방향성을 잡아가야 한다. 깊이 있는 대화를 통해 진행자들이 프로그램에 잘 적응할 수 있도록 한다. 진행자는 촬영현장에서 제작진들의 눈과 귀와 입이 되어주는 존재이다. 따라서 주요 연출진인 작가와 피디와 깊은 유대감을 만드는 것 역시 중요한 업무라고 볼 수 있다. 연출진의 제작 의도와 방향성을 파악하고 본인의 의견도 피력하며 질

높은 방송을 만들기 위한 노력을 해나가는 것이다.

아나운서는 또한 의상이나 메이크업 등 세팅을 보조해주는 스텝들과도 굉장히 밀도 있는 관계를 형성한다. 아무래도 한자리에서 한 시간 이상 메이크업을 받다 보면 이런저런 이야기를 하며 라포가 형성되기 때문이다. 이 외에도 촬영 당일 함께하는 스텝이 매우 많다. 방송에 있어 많은 배려를 받는 존재도 아나운서이다. 아나운서의 세팅이나 컨디션이 방송에 있어 중요한 사안이니만큼 많은 스텝이 아나운서 입장에서 불편한 요소가 없는지를 확인하고 보조한다. 아나운서들은 스텝들의 관심과 배려에 항상 감사한 마음을 가지고 그들을 대해야 한다.

# 전국
# 방송사
# 알아보기

## 지상파방송사업자 현황

| 번호 | 방송사명 | 대표자 | 주소 | 전화 | 홈페이지 |
|---|---|---|---|---|---|
| 1 | 한국방송공사 | 김의철 | 07235<br>서울시 영등포구<br>여의공원로 13 | T.02-781-1000<br>F.02-781-1001 | www.KBS.co.kr |
| 2 | ㈜문화방송 | 안형준 | 03925<br>서울시 마포구 성암로 267 | T.02-780-0011<br>F.02-789-1762 | www.mbc.co.kr |
| 3 | ㈜엠비씨<br>강원영동 | 한정우 | 25477<br>강원 강릉시 가작로 267 | T.033-650-2114<br>F.033-650-2147 | www.mbceg.co.kr |
| 4 | 광주<br>문화방송㈜ | 김낙곤 | 61629<br>광주광역시 남구 월산로<br>116번길 17 | T.062-360-2000<br>F.062-360-2155 | www.kjmbc.co.kr |
| 5 | 대구<br>문화방송㈜ | 이동민 | 42288<br>대구광역시 수성구<br>욱수길 56 | T.053-740-9500<br>F.053-740-9756 | www.dgmbc.com |
| 6 | 대전<br>문화방송㈜ | 김환균 | 34125<br>대전시 유성구<br>엑스포로 161 | T.042-330-3114<br>F.042-330-3700 | www.tjmbc.co.kr |
| 7 | 목포<br>문화방송㈜ | 이순용 | 58700<br>전남 목포시 영산로 334 | T.061-270-9000<br>F.061-270-9209 | www.mokpombc.<br>co.kr |
| 8 | 부산<br>문화방송㈜ | 구자중 | 48276<br>부산광역시 수영구<br>감포로 8번길 69 | T.051-760-1000<br>F.051-761-2162 | www.busanmbc.<br>co.kr |
| 9 | 안동<br>문화방송㈜ | 유재용 | 36645<br>경북 안동시 단원로 20 | T.054-851-7114<br>F.054-854-3400 | www.andong<br>mbc.co.kr |
| 10 | 여수<br>문화방송㈜ | 이호인 | 59700<br>전남 여수시 문수로 135 | T.061-650-3333<br>F.061-652-8506 | www.ysmbc.co.kr |
| 11 | 울산<br>문화방송㈜ | 전동건 | 44512<br>울산시 중구 서원3길 65 | T.052-290-1114<br>F.052-209-1117 | www.usmbc.co.kr |

| 12 | 원주<br>문화방송㈜ | 송형근 | 26412<br>강원 원주시 학성길 67 | T.033-741-8114<br>F.033-741-8149 | www.wjmbc.co.kr |
|----|----|----|----|----|----|
| 13 | 전주<br>문화방송㈜ | 김한광 | 54986<br>전북 전주시 완산구<br>선너머1길 50 | T.063-220-8000<br>F.063-226-1363 | www.jmbc.co.kr |
| 14 | 제주<br>문화방송㈜ | 이정식 | 63120<br>제주 제주시 문연로 35 | T.064-740-2114<br>F.064-746-9020 | www.jejumbc.com |
| 15 | ㈜엠비씨경남 | 이우환 | 51322<br>경상남도 창원시 마산<br>회원구 양덕서9길 11-11 | T.055-771-2112<br>F.055-771-2109 | www.mbcgn.co.kr |
| 16 | 춘천<br>문화방송㈜ | 김종규 | 24239<br>강원 춘천시<br>수변공원길 54 | T.033-259-1215<br>F.033-254-6400 | www.chmbc.co.kr |
| 17 | ㈜엠비씨충북 | 한기현 | 27480<br>충청북도 충주시<br>중원대로 3250 | T.043-841-8114<br>F.043-841-8199 | www.mbccb.co.kr |
| 18 | 포항<br>문화방송㈜ | 양찬승 | 37685<br>경북 포항시 남구<br>새천년대로 421 | T.054-289-0114<br>F.054-272-2117 | www.phmbc.co.kr |
| 19 | ㈜에스비에스 | 박정훈 | 07996<br>서울시 양천구<br>목동서로 161 | T.02-2061-0006<br>F.02-2113-3096 | www.sbs.co.kr |
| 20 | ㈜광주방송 | 임채영<br>정서진 | 61637<br>광주광역시 서구<br>무진대로 919 | T.062-650-3114<br>F.062-653-3327 | www.ikbc.co.kr |
| 21 | ㈜티비씨 | 박석현 | 42175<br>대구광역시 수성구<br>동대구로 23 | T.053-760-2222<br>F.053-760-2029 | www.tbc.co.kr |
| 22 | ㈜대전방송 | 정보연<br>이광축 | 34125<br>대전광역시 유성구<br>엑스포로 131 | T.042-281-1101<br>F.042-284-5444 | www.tjb.co.kr |
| 23 | ㈜울산방송 | 김종걸 | 44520<br>울산광역시 중구<br>구교로 41 | T.052-228-6000<br>F.052-228-6145 | www.ubc.co.kr |
| 24 | ㈜전주방송 | 한명규 | 54859<br>전라북도 전주시<br>덕진구 정여립로 1083 | T.063-250-5200<br>F.063-250-5252 | www.jtv.co.kr |
| 25 | ㈜제주방송 | 신언식<br>이용탁 | 63148<br>제주특별자치도 제주시<br>연삼로 95 | T.064-740-7800<br>F.064-740-7859 | www.jibstv.com |

| 26 | ㈜청주방송 | 신규식 | 28654<br>충청북도 청주시 서원구<br>사운로 59-1 | T,043-265-7000<br>F,043-271-2002 | www,cjb,co,kr |
|---|---|---|---|---|---|
| 27 | ㈜케이엔엔 | 이오상 | 48058<br>부산광역시 해운대구<br>센텀서로 30 | T,051-850-9000<br>F,070-4275-0503 | www,knn,co,kr |
| 28 | ㈜지원 | 조창진<br>허인구 | 24210<br>강원도 춘천시 동면<br>소양강로 274 | T,033-248-5000<br>F,033-248-5130 | www,igtb,co,kr |
| 29 | 한국<br>교육방송공사 | 김유열 | 10393<br>경기도 고양시 일산동구<br>한류월드로 281 | T,02-526-2000<br>F,02-526-2549 | www,ebs,co,kr |
| 30 | 오비에스<br>경인티브이㈜ | 김학균 | 14442<br>경기도 부천시<br>오정로 233 | T,032-670-5000<br>F,032-671-2096 | www,obs,co,kr |
| 31 | (재)광주<br>영어방송재단 | 김종효 | 61640<br>광주시 남구 사직길 17 | T,062-460-0987<br>F,062-461-0987 | www,gfn,or,kr |
| 32 | (재)국악방송 | 백현주 | 03925<br>서울시 마포구<br>월드컵북로 54길 12 | T,02-300-9990<br>F,02-300-9939 | www,gugakfm,<br>co,kr |
| 33 | (재)국제방송<br>교류재단 | 주동원 | 06713<br>서울시 서초구<br>남부순환로 2351 | T,02-3475-5000<br>F,02-3475-5408 | www,arirang,co,kr |
| 34 | (재)극동방송 | 김장환 | 04067<br>서울 마포구 와우산로 56 | T,02-320-0114<br>F,02-320-0229 | www,febc,net |
| 35 | (재)기독교방<br>송 | 김학중 | 07997<br>서울특별시 양천구<br>목동서로 159-1 | T,02-2650-7000<br>F,02-2654-2457 | www,cbs,co,kr |
| 36 | (재)부산<br>영어방송재단 | 이영중<br>(직무대행) | 48059<br>부산시 해운대구<br>센텀동로 41 | T,051-663-0100<br>F,051-663-0019 | www,befm,or,kr |
| 37 | (재)불교방송 | 김태영 | 04175<br>서울시 마포구<br>마포대로 20 | T,02-705-5114<br>F,02-705-5229 | www,bbsi,co,kr |
| 38 | (재)원음방송 | 나안호 | 07995<br>서울시 양천구<br>목동동로 233 | T,02-2102-7700<br>F,02-2102-7722 | www,wbsi,kr |
| 39 | (재)가톨릭<br>평화방송 | 손희송 | 04552<br>서울시 중구<br>삼일대로 330 | T,02-2270-2114<br>F,02-2270-2210 | www,cpbc,co,kr |

| 40 | ㈜경인방송 | 권혁철 | 22196<br>인천시 남구 아암대로<br>287번길 7 | T.032-830-1000<br>F.032-830-1811 | www.ifm.kr |
|----|-----------|--------|------|------|------|
| 41 | ㈜YTN 라디오 | 우장균 | 03926<br>서울특별시 마포구<br>상암산로 76 | T.02-2160-7314<br>F.02-2160-7029 | www.ytnradio.kr |
| 42 | 도로교통공단 | 이주민 | 26466<br>강원 원주시 혁신로 2 | T.033-749-5332<br>F.033-749-5928 | www.tbn.or.kr |
| 43 | 서울특별시<br>미디어재단<br>티비에스 | 정태익 | 03909<br>서울특별시 마포구<br>매봉산로 31 | T.02-311-5114<br>F.02-311-5229 | tbs.seoul.kr |
| 44 | ㈜와이티엔<br>디엠비 | 우장균 | 03926<br>서울시 마포구<br>상암산로 76 | T.02-2160-7120<br>F.02-2160-7119 | dmb.ytn.co.kr |
| 45 | 한국디엠비㈜ | 김경선 | 08390<br>서울시 구로구<br>디지털로 288, 3층 | T.02-2082-2000<br>F.02-2082-2002 | kdmb.co.kr |

*Part 2* 아나운서, 준비하기

# 1 아나운서의 준비

교육생 중에서도 특별히 기억에 남는 이들이 몇몇 있다. 영은가명 씨도 그중 한 명이다. 그녀는 몇 년 동안 아나운서 최종 면접에서 번번이 낙방했다. 자신은 물론 주위 사람들도 안타까워했고, 시간이 지날수록 위축된 모습으로 교육장을 찾았다. 하루는 침울한 표정의 그녀에게 커피 한잔을 내주며 강사 대 교육생이 아닌 '선배'로서 조언을 해주었다. "영은 씨, 영은 씨는 합격하느냐 불합격하느냐의 문제를 고민할 게 아니에요. 이미 그 어려운 최종 면접까지 올라갔다면, 그 사람이 고민할 건 '언제' 합격하느냐 '어느 곳'에 합격하느냐 하는 시기의 문제거든요. 자신감을 가지고 마음 편히 가지세요. 잘 해나가고 있는 겁니다. 내가 무언가를 잘못해서 떨어진 것이 아니라 단지 최종 결정권자의 취향 문제일 수도 있어요. 그러니 자책하지 마세요." 진심이 통했을까. 침울했던 얼굴에 꽃 하나가 피더니 곧 마음을 다잡은 그녀는 가벼운 발걸음으로 돌아갔다. 그리고 몇 달 뒤 합격했다며 감사하다는 문자를 보내왔다.

다른 분야도 마찬가지지만 아나운서는 유독 경쟁이 치열

한 직종이다. 지상파는 못해도 300~400:1, 많게는 1500:1 의 치열한 경쟁을 뚫어야 한다. 나 역시 아나운서 시험에 낙방한 경험이 있다. 원형탈모가 생길 정도로 심한 스트레스를 받기도 했었다. 졸업하자마자 당연히 딱 한 번 만에 붙으리라 생각했었는데 녹록지 않은 현실에 참 많이 울었던 것 같다. 결국엔 아나운서의 꿈을 접고 일반기업에 지원하기에 이르렀다. 그때 아나운서 전문아카데미의 스승이었던 원장님께서 앞서 내가 교육생에게 했던 말을 해주셨다. 그 말이 큰 힘이 됐었다. '아, 아예 잘못된 길로 가고 있는 건 아니구나. 이탈하지 않고 가다 보면 아나운서가 되겠구나.'라는 생각이 들었다. 다시 도전을 거듭해 '마침내' 아나운서가 되었다.

아나운서 준비는 참 힘든 과정이다. 정말 정말 정말… 힘든 과정이다. 정신적으로 체력적으로도 경제적으로도, 준비하는 과정 내내 그 어느 것 하나 쉽지가 않다. 전문적인 스피치 스킬을 배우는 아카데미의 교육비도 만만치 않고, 시험을 볼 때마다 준비해야 하는 의상과 헤어, 메이크업 비용도 준비생들에겐 엄청난 부담이다. 뿐만 아니라 피부과 시술이나 미용을 위해 투자되는 비용도 많아 대부분 준비생이 아르바이트로 필요한 비용을 충당한다.

박보영 주연의 〈정신병동에도 아침이 와요〉라는 드라마에서 한 에피소드에 등장한 '공시생'의 이야기가 전국의 수

많은 '망생이들'의 마음을 울렸다. 무언가를 지망하는 '망생이들'은 지금껏 들인 시간과 노력이 아까워서 계속 도전하게 된다는 것이다. 이러지도 못하고 저러지도 못하고, 그렇다고 포기하자니 조금만 더 하면 붙을 수 있을 것 같은 마음에 자기 자신을 향해 희망고문 한다. 모두가 똑같이 노력했지만, 그 또한 결국 잘 돼야 인정받는 현실을 실감 나게 풀어낸 에피소드였다.

분야만 다를 뿐이지, 전국에는 수많은 망생이들이 있다. 드라마 속 공시생처럼 번번이 정상을 코앞에 두고 미끄러지는 경우도 있고, 앞서 언급한 교육생 영은 씨도 있다. 누구는 '마침내' 아나운서가 되고, 어떤 이는 '결국' 망생이로 도전을 매듭지은 채 새로운 길을 갈 것이다. 그러나 헛된 열정은 없다. 치열하게 전투적으로 도전했다면 아무도 '노력 덜 한 애'로 보지 않는다. 최선을 다한 삶은 사라지지 않는다. 분명한 것은 그 노력이 어떻게든 인생의 자양분이 된다는 것이다. 미리 겁내고, 미래를 각색하며 한계를 만들지 말자. 순간순간에 문득 찾아오는 망설임을 '노력 부족'으로, 조금 부족한 용기를 '타고난 무엇'과 비교하지 말자. 여러분은 이제 출발선에 서 있다.

# Q1
# 아나운서로 일할 때
# 잘 맞는 성격이 있나요?

시인과 촌장의 〈가시나무〉 첫 소절은 내 마음에 너무도 많은 내가 있다고 덤덤히 고백하며 시작한다. 1988년에 세상으로 나온 노랫말이지만, 88학번은 물론이고, 1988년에 태어난 친구들도 모두 공감하는 가사다. 보통, 성격을 둘로 나눈다. 외향적이냐, 내성적이냐. 하지만 누가 보더라도 외향적인 사람도 때때로 내성적일 기질을 보일 때가 있다. 반면에, 평소 자신이 내성적인 성향을 가졌다고 생각했는데, 주어진 환경이나 조건에 따라 과감하거나 돌발적인 행동을 하는 것을 보면서 스스로 놀라는 경우도 있다. 사는 동안 다양한 사람들을 만나고 헤어지면서, 또 낯선 환경에 부딪히면서 다양한 특성을 갖게 되는 것이다.

아나운서는 내 속에 있는 수많은 나를 찾아가는 직업이다. 직군에 맞는 성격을 분류하기 이전에, 내면에 어떤 욕망을 가지고 있는지 점검하는 것이 먼저라는 생각이 든다. 내성적이지만 마음속에서는 외향적인 누군가를 부러워하고 타인 앞에 오롯이 주목받길 욕망하는 사람도 있는가 하면, 외향적이지만 딱히 주목받길 원하지 않는 사람도 있으니 말이다. 아나운서가 대중 앞에 서니까 자신을 드러내기 좋아하고 외향적인 성향의 사람들이 많지 않을까 하는 생각은 선입견이다. 현업에 종사하다 보면 정말 다채로운 성격의 사람들의 집합체라는 것을 알게 된다.

앞서 말한 적이 있듯 아나운서는 정말 다양한 성격의 프로그램들을 진행한다. 뉴스 앵커, 교양 혹은 오락 MC, 음악 방송 DJ부터 시사프로그램 진행자까지 프로그램의 성격에 따라 아나운서는 본인의 내재 된 성격도 얼마든지 바꾸어야 한다. 드라마나 영화 속 연기자처럼 말이다. 일반인들이 생각하는 아나운서는 뉴스를 전하는 진행자, 우아한 교양 프로그램 MC등 정적인 이미지를 가진 아나운서다. 그러한 이미지만을 가진 채로 필드에 뛰어들었을 때 맞닥뜨리는 당혹감은 이루 말할 수 없다.

아나운서 신입 시절 야외촬영 현장에 나갔을 때의 일이다. 마라톤 경기가 있는 곳에서 촬영이 있었다. 야외촬영은 촬영구성안 그대로 진행되지도 않거니와, 섭외도 현장에서 해야 하는 경우가 대다수다. 마라톤 경기인 만큼 현장은 인산인해를 이루었다. 생동감 넘치는 현장 소식을 전할 인터뷰가 필요했다. 성격상 외향적인 사람이라고 해도 처음 본 사람에게 선뜻 다가가 말을 걸고, 섭외하고, 인터뷰를 진행한다는 건 쉬운 일이 아니다. 그렇게 시도조차 하지 못하고 한 사람, 두 사람 그냥 보낼 때마다 자신감은 바닥을 쳤다. 그렇게 골든타임을 놓쳤고, 필요한 인터뷰를 찍지 못해 담당 피디에게 호되게 혼났다. 연출자가 그린 그림은 마라톤 경기를 하는 사람들 틈에 들어가 같이 뛰며 그들의 생생한 목소리를 담아오는 것이었다. 아무래도 스포츠 경기다 보니 그런 그림을 담아낼 수 있는 타이밍은 정해져 있다. 똑같은 경기가 같은 조건으로 바로 이어지지 않는 이상, 그 순간을 놓치면 기회는 없다.

회사로 복귀한 후, 겪었던 일을 선배들에게 털어놓았다. 한 선배가 본인도 낯을 가리는 성격이지만 현장에 나가면서 달라졌다고 했다. 인터뷰이와 친밀감을 형성하기 위해 그들이 입는 옷을 입어 봤다는 이야기를 해주었다. 예를 들면 밭에서 일하고 계시는 아주머니들과 편하게 인터뷰를 진행하기 위해 꽃무늬 고무줄 바지를 입고 작업 모자를 쓴다든지 하는 식으로 말이다. 라디오 진행할 때도 마찬가지다. 공중파에서 팝송이나 클래식 같은 음악방송을 주로 맡아오다가 교통방송에서 처음으로 트로트로만 큐시트를 가득 채우는 프로그램을 진행했을 때, 그 난감함이란! 그때 담당 피디에게 들었던 첫 마디는 '나를 내려놓으라'는 말이었다.

방송 첫날, 가수 현숙 씨가 출연했다. 라이브를 시작하자마자 그녀는 내 어깨를 두드렸다. 일어서서 같이 춤을 추자는 얘기였다. 팝이나 클래식 프로그램 진행할 때는 겪어보지 못했던, 새로운 경험이었다. 춤을 추진 못하고 얼굴만 새빨개졌던 기억이 난다. 꼭지마다 있었던 꽁트는 또 얼마나 당황스러웠던지! 1인다역을 맡으며 맛깔스러운 대사를 소화하는 데까지는 조금 시간이 걸렸다. 내 안의 또 다른 나를 찾아내고, 끌어내야 했기 때문이다. 뉴스를 진행하고 클래식 음악의 원고를 읽는 것과는 다르다. 연극에 나오는 '멀티맨'이 되어야 한다. 시간이 흐른 뒤, 공개방송으로 다시 현숙 씨를 만났을 때는 나는 달라져 있었다. 얼굴 대신 손바닥이 빨개질 때까지 열심히 박수를 쳤다. 추임새는 기본이고, 안 되는 춤에, 모창까지 선보였다. 신나는 분위기를 기대하는 청취자들과 출연진의 흥을 돋우기 위해 최선을 다한 것이다. 거듭 말하지만, 아나운서의 일은 내가 가진 나만의 성격을 절대로 고집할 수 없는 분야이다.

직접적으로 대답한다면 유리한 성격이 있긴 하다. 요즘 유행한다는 MBTI 성향검사로 예를 들 수 있다. 4개의 알파벳 조합으로 16가지의 성격유형을 표현하는 검사인데, 첫째 자리는 I introversion, 내향형 와 E extroversion, 외향형 로, 둘째 자리는 N intuition, 직관형 와 S sensing, 감각형 로, 셋째 자리는 F feeling, 감정형 와 T thinking, 사고형 로, 마지막 넷째자리는 P Perceiving, 인식형 와 J judging, 판단형 로 표현한다. 나는 아나운서이면서 동시에 커뮤니케이션 교육회사 대표로도 일하고 있다. 진로 컨설팅이나 스피치 컨설팅 컨설턴트로 활동할 때 내담자의 심리상태나 성격적 유형을 파악할 필요가 있었다. 그때 다양한 심리나 적성검사 분석을 배웠는데 이 중 'MBTI와 아나운서 직무'에 있어서 흥미로운 결과를 도출해냈다.

내가 생각할 때는 I보다 E 성향, 그리고 S보다는 N 성향, T보다는 F 성향이 아나운서로서 일하는 데 스트레스를 덜 받을 것으로 생각된다. 아나운서에게 있어 에너지를 외부로부터 충전하는 E 성향은 다양한 사람들을 맞닥뜨려야 하는 업에 있어서 I보다 훨씬 유리하다. 현재 중심적이며 구체적이고 실제적인 현상에 주목하는 S보다는 상상적이고 영감적이며 비유적 묘사에 능하고 연상작용에 능한 N이 화술에 있어 더 탁월하다. 실제로 라이브 커머스 쇼호스트와 같은 대본 중심이 아닌 애드립으로 진행되는 방송은 S 유형과 N 유형의 스토리텔링을 토대로 한 애드립 수준이 현격한 차이를 보였음을 확인한 바 있다. 정서 표현에 능하고 공감력을 통해 커뮤니케이션을 이끌어야 하는 아나운서의 경우, 이성적인 T보다는 감성적이고 공감력이 좋은 F 성향이 상황에 대한 감성적 피드백을 해야 하는 아나운서의 직무에 유리할 수 있다. 물론 이것도 프로그램의 성격에 따라 다를 수 있기 때문에 개인적 의견에 그친다는 것을 이해해주길 바란다.

실제로 아나운서 지망생들에게 아나운싱을 교육할 때 이런 성향 차이를 고려해 진행하기도 했다. 예를 들면 S유형의 교육생들에게는 구체적인 방법을 알려준다. 대략적인 방향성이나 모호한 표현은 이들에게 너무도 막연할 수 있기에 상황 상황마다 디테일한 피드백과 지속적인 코칭으로 하나하나 짚어준다. N 성향 친구들의 경우는 본인들의 가능성을 마음껏 펼쳐낼 수 있도록 한다. 이것이 왜 필요한지, 왜 해야 하는지에 대한 방향성을 인식하게 하는 것이다. 하나하나 간섭하지 않고 의욕적이고 즐겁게 일을 하도록 배려해주었다. 어디까지나 해당 유형이 이런저런 점에서 유리하다는 거지, 절대적인 것은 아니다. E와 I를 반반 가진 사람도 있고, 애드립이 배제되어야 하는 분야에서는 N형보다 S형이 빛을 발할 수 있다. 프로그램을 다양하게 진행하면서 MBTI가 바뀌는 경우도 심심치 않게 있다.

아나운서를 준비하는 분들에게 꼭 하고 싶은 이야기는 '스스로 생각하는 나'와 '타인이 판단하는 나' 그리고 '남들에게 보이고 싶은 이상적인 나'의 모습에 적절한 조화를 찾길 바란다는 것이다. 나만의 매력을 브랜딩하는 시대이니만큼, 타고난 성격을 거뜬히 뛰어넘기를 바란다. 일에 있어서 당당하고 프로페셔널한 태도를 갖춘다면 자신만의 성격으로 맡은 일을 충실히 해낼 수 있을 것이다.

# 학창 시절 해보면
# 좋은 경험이 있을까요?

아나운서는 카메라를 바라보면서도 마치 사람을 바라보는 것처럼 보이도록 훈련해야 한다. 우리는 '사람'을 바라볼 때와 '사물'을 볼 때 미묘하게 다른 눈빛을 지니기 때문에 훈련이 필요하다. 카메라나 여러 방송 장비를 활용한 콘텐츠를 만들면서 방송환경에 익숙해지면 많은 도움이 된다. 학생의 경우 학교 내 행사에 적극적으로 참여해보는 것도 추천한다. 운영진으로서 행사를 기획·주최하거나 콘텐츠를 만들면서 제작을 지원해보면 좋은 경험이 될 것이다. 장비를 사용하면서 방송 메커니즘을 이해할 수 있게 되고 사람들과 어떻게 의견을 조율하는지에 대해 감도 잡을 수 있다.

방송부가 따로 없던 중학교 시절에는 양호실이 곧 방송실이었다. 최소한의 방송 장비를 갖춰놓고 간단한 안내방송만을 진행했었다. 당시 부회장이었던 나는 학교에 의견을 적극적으로 개진해서 방송부를 설립하고 자체 콘텐츠를 만들었다. 점심시간에 라디오 진행을 하기도 했었다. 이 경험은 앞에 아무도 없는 상황에서도 마치 사람에게 대화하듯이 어색하지 않게 말하는 훈련을 하는 데 매우 큰 도움이 되었다. 아나운서는 불특정 다수 앞에 서는 화자이기도 하고, 스튜디오 내에서 카메라를 바라보며 말해야 하는 화자이기도 하다. 이 두 개의 환경 모두에 익숙해질 필요가 있다. 연설과 토론 클럽에 가입해 다양한 의견을 조율하는 법을 익히기도 하고, 설득력 있는 의사소통 기술을 개발하는 것이 좋다.

아나운싱은 연기력을 요하는 스피치 기술이기 때문에 연극 클럽이나 공연 클럽에 가입해서 대사를 표현하는 훈련과 감정을 목소리로 표현하는 훈련을 하는 것도 도움이 된다. 또한, 아나운서는 때로 대중들을 리드하면서 현장의 분위기를 끌어올리는 역할을 해야 하기 때문에, 스포츠팀의 경기를 해설해보거나 장기자랑이나 졸업식 같은 라이브 이벤트 행사를 맡아 진행해보는 것도 좋다. 에너지와 열정을 유지하면서 끝까지 프로그램을 리드하는 훈련을 해보는 것은 상당히 귀한 경험이 될 것이다.

이 외에도 학창시절 외국어를 틈틈이 공부해놓는 것을 추천한다. 의사소통의 영역이 넓어지고 다양한 환경에서 진행자의 역량을 드러낼 수 있기 때문이다. 관련 경험을 하기 위해서는 무엇보다 적극적으로 해보려는 도전정신이 필요하다. 조금만 잘 살펴보면 해당 분야의 전문가의 지침을 구하거나 실무경험을 쌓을 수 있는 다양한 환경과 기회가 많이 있다.

## Q3
# 아나운서가 되는 데
# 학벌과 학력이 중요한가요?

학벌은 아나운서 전문아카데미를 운영하면서 상담할 때 가장 많이 나오는 질문이다. 다수의 지망생이 본인의 학벌로 크게 고민한다. 이것은 아나운서에 대한 선택을 망설이는 큰 이유가 되기도 한다. 물론 학력을 어느 정도 볼 순 있겠지만, 가장 중요한 요소는 절대 아니다.

아나운서의 공채 진행 과정을 봐도 그렇다. 요즘에는 서류 심사보다 1차 지원 단계의 '자기소개'나 '리딩 영상'을 더 많이 본다. 실질적으로 아나운싱 실력이 더욱 중요함을 알 수 있다. 소위 말하는 국내의 상위권 대학 졸업자의 경우, 아나운서로서 활약하거나 개인 브랜딩을 할 때 학력을 어 필하며 브랜딩하는 경우도 있다. 하지만 학력 자체가 아나운서가 되기 위한 요구사항은 절대 아니다. 실제로 공채로 진행되는 공중파 방송사가 아닌 경우 대부분 방송사가 수시 채용을 통해 아나운서를 채용하는데 이때 가장 우선하는 게 '경력 사항'이다. 아나운서 지원자들은 관련 경험을 쌓기 위한 노력을 더욱 충실히 행하는 것이 좋다.

궁극적으로, 좋은 학교를 졸업한 것은 아나운서 채용에 유리할 수 있지만, 결정적인 요인은 아니라는 뜻이다. 실무 경험이나 개인 브랜딩을 통한 강력한 이미지 메이킹, 커뮤니케이션 기술, 아나운싱의 품질 그리고 업무에 대한 소명감과 열정 등이 훨씬 중요하다. 실제 경험을 쌓으면서 연습을 통해 지속적으로 실력을 향상하는 것이 가장 좋은 방법이라고 할 수 있을 것이다.

학력의 경우도 마찬가지다. 실제 아나운서가 되기 위해 대학원에 진학하는 것은 꼭 필요한 경로가 아니라고 말하고 싶다. 앞서 말했듯이 아나운서를 지망한다면 인턴십이나 실제 방송 경험 등을 통해 관련 경력을 쌓아가는 것이 훨씬 유리하다. 물론, 미디어 경영이나 언론 윤리 또는 미디어제작과 같은 방송 내의 전문 분야에 특별한 관심이 있는 경우 관련 대학원 학위를 추구하는 것은 경력에 도움이 될 수 있다. 향후 본인의 진로를 다각화하고 멀리까지 설계하면서 신중하게 고민해보는 것이 좋다.

얼마 전에는 공중파 방송사와의 계약이 끝난 후 프리랜서 아나운서로서 왕성하게 활동하고 있는 후배가 사무실에 찾아왔다. 계약 해지 후 불안한 상황에서 혹시나 도움이 될까 싶어 미디어 관련 학과 대학원으로 진학했다는 이야기를 꺼냈다. 그런데 막상 다녀보니 너무나 많은 아나운서가 인적 네트워크를 목적으로 대학원에 다니고 있어 큰 메리트를 얻지 못했다는 점에 아쉬움을 토로했다. 차라리 다른 분야의 사람들이 많은 대학원에 갔다면 네트워킹 부분에서 훨씬 더 유리하게 도움을 주고받을 수 있었을 것이라는 이야기를 했다. 따라서 대학원은 본인의 목적을 분명히 설정하고 그 목적에 맞는 곳으로 신중하게 선택하기를 바란다.

# Q4

## 아나운서와 관련된 학과를
## 전공해야 하나요?

한 중학생 자녀를 둔 어머님이 찾아오셨다. 아나운서를 꿈꾸는 자녀는 관련 학과를 가고 싶다고 하는데, 부모님은 훗날 다양한 선택을 할 수 있는 넓은 범위의 학과 진학을 원한다며 고민을 토로했었다. 아나운서와 관련된 학과라고 한다면 커뮤니케이션이나 저널리즘 혹은 미디어 관련 학과를 들 수 있다. 요즘에는 아예 '미디어 보이스 학과'처럼 좀 더 직접적인 이름을 내건 학과도 많이 생겨나고 있다.

'커뮤니케이션 학과'에서는 미디어, 커뮤니케이션 이론 및 방송과 관련된 실용적인 기술에 대한 폭넓은 내용을 배울 수 있다. 또한 '신문방송학과' 같은 미디어 관련 학과에서는 저널리즘에 대한 윤리 혹은 전문적인 보도 기술을 비롯해 미디어의 넓은 측면과 사회에 미치는 영향 등을 배울 수 있다. 특히 매체가 다양해지고 있는 시점에 신문, 방송, 출판 등의 범주를 넘어서서 각종 오락산업 정보서비스 통신 서비스를 망라하는 멀티미디어 사업에 관한 정보를 습득할 수 있다. 더불어 컴퓨터그래픽이나 촬영 편집과 같은 기술적 부분들도 익힐 수 있다.

아나운서가 되기 위해 반드시 관련 학과를 진학해야 하는 것은 아니다. 하지만 학과를 전공하게 되면 방송 분야에 대한 집중 교육과 구체적인 훈련을 할 수 있다. 또한 현장 연계를 통한 실무 습득도 용이하다. 방송기법, 미디어 제작, 음성훈련, 저널리즘, 커뮤니케이션 등의 분야에서 전문적인 교육을 받을 수 있다. 또 해당 분야 전문가들과의 인맥 연결이나 인턴십 접근이 훨씬 유리하다. 또, 관련 기술을 연습하고 연마하기 위한 녹음실, 편집 시설, 방송 장비와 같은 자원을 편리하게 이용할 수 있기 때문에 이러한 것들도 장점이라고 할 수 있다. 간혹 현장에서 지식이나 역량을 보여주는 자격 증명의 역할을 할 수도 있을 것이다.

그렇다고 해서 반드시 방송산업 관련 학과를 졸업해야 하는 것은 아니다. 관련 학부를 입학 및 졸업하지 않아도 필요한 기술과 지식을 쌓을 수 있는 환경들이 많이 있다. 그러니 학과에 연연할 필요는 없다. 오히려 미디어 관련 외 다양한 전공활동이 아나운서로서 활동할 때 도움을 주기도 한다. 실제로 후배 아나운서 중에 전혀 관련이 없어 보이는 학과를 졸업한 친구들이 많았다. 토목 공학과, 수학과를 비롯해서 화학과까지! 그럼에도 불구하고 아나운서를 준비함에 전혀 무리가 없었다고 한다. 오히려 특정 주제의 프로그램을 진행할 때 특정 분야를 공부한 경험이 있는 동료에게 많은 도움을 받기도 했다는 이야기를 들었다.

예전에 눈여겨보던 후배 중 한 명이 유독 눈썹이나 입술의 디테일한 움직임을 통한 표정을 잘 활용했다. 그 풍부하고 자연스러운 리딩이 인상 깊어서 우연히 학과를 물어봤는

데, 그 친구가 연극영화과를 졸업했다는 이야기를 듣고 고개가 끄덕여졌다. 유독 발성이 좋고 음색이 깨끗했던 후배가 성악과를 졸업했다는 것을 알게 된 적도 있었다. 이처럼 본인의 끼를 무대에서 많이 표현하는 학과 출신의 아나운서들도 굉장히 많이 있다. 아나운서만큼 다양한 학과의 사람들이 모여 있는 직업도 없다. 그러니 아나운서 관련 학과를 나와야 하는 것은 절대 아니라는 것을 강조하고 싶다.

# 꼭 직업 훈련 학원에
# 다녀야 하나요?

꼭 그러한 것은 아니지만 아무래도 전문 아카데미를 거치면 기본적인 음성훈련을 받을 수 있어서 좋다. 장르별 원고를 낭독하는 리딩 기법과 연출 디테일 훈련 등 체계가 갖춰져 있기 때문에 나는 준비생들에게 권하는 편이다. 혼자서 준비하는 경우에는 비싼 방송 장비를 체험하는 것이 쉽지 않다. 반면 아카데미에서 갖추고 있는 프롬프터나 비디오시스템을 이용해 카메라 테스트 훈련을 해보는 것은 굉장한 도움이 된다.

현직에 있는 다양한 전문인들을 만날 기회를 얻기도 하고, 간간이 특강을 통해서 관련 직군에 대한 전문적인 요소들을 익힐 수 있다. 아카데미를 통해서 취업 추천이 들어오기도 하고, 인턴십이나 방송현장에 아르바이트로 투입될 기회를 얻기도 하므로 가능하다면 이를 적극적으로 이용하는 것이 좋다. 개인적으로 아카데미를 다닐 때 좋았던 부분은 같은 꿈을 향해 달려가는 지망생들과 함께 의지하며 스터디했던 것이다. 필요한 정보를 공유하고 서로에게 자극을 주는 동료가 있다는 건 언제나 큰 도움이 된다.

## 2 아나운서의
## 도전

파울로 코엘료의 『연금술사』의 유명한 대목 중, 무언가를 간절히 원하면 온 우주가 나를 도와줄 거라는 구절이 생각 난다. 누구나 마음에 품고 다니는 명언 또는 문구가 하나 쯤은 있을 것이다. 나에게는 연금술사의 문장이 그런 것이 다. 아나운서를 준비하는 동안 흔들리는 나에게 친구가 되 어주었다. 묵직하고 단단한 추가 되어 하루에도 몇 번씩 좌절했던 나를 지탱했다. 그렇게 끝끝내 다시 도전하고자 마음을 다잡곤 했다.

처음 아나운서가 되고 싶었던 건 아마 초등학교 시절이 었다. 진로를 일찍 결정하게 되면 이에 대한 관련 경험들 을 착실하게 쌓을 수 있다는 장점이 있다. 나는 초등학생 을 대상으로 한 신문사 기자단에서도 활동했고, 미디어 출 연기회가 있다면 작은 대회라도 참여를 했었다. 어학 관련 학과를 나오면 도움이 될까 싶어 대학전공도 영어영문학 과로 선택했다.

하지만 막상 졸업하고 본격적인 준비를 하려고 하니 뭐부터 어떻게 준비해야 하는지 막연하고 난감했다. 방송사 시험을 위해서는 영어, 상식, 논술 외에도 국어공부 논술 준비, 기본적인 아나운싱부터 의상을 착장한 프로필사진 촬영까지 준비해야 할 것이 너무 많았다. 우선 졸업하자마자 방송사 필기시험 준비를 위해 모 신문사에서 운영하던 언론고시 준비반에 등록해 논술과 작문수업을 받았다. 기자를 준비하는 스터디 팀에도 들어가 상식공부와 논술 작문 스터디를 병행했다. 집에서는 다양한 종류의 신문을 보며 매일 매일 이슈를 정리하며 상식시험에 대비했고, 신문 칼럼에 나와 있는 문장을 차용해 고급어휘를 사용하면서 깔끔한 문장으로 말하는 스피치 훈련도 했다.

사설 아카데미에 등록해 아나운싱을 본격적으로 배우기 시작했다. 만만치 않은 비용이 들었지만 정말 많은 것을 배울 수 있었다. 일단 프롬프터를 보며 읽는 연습을 했다. 뉴스를 포함한 장르별 원고의 느낌을 어떤 식으로 표현해야 하는가에 대한 훈련을 받았다. 그리고 모니터를 통해 비치는 나의 동적 이미지를 점검하고 수정하는 훈련을 지속해나갔다. 발음 연습은 매일 시간을 정해놓고 했는데, 대중교통을 이용하며 지나치는 간판을 빠르게 읽어나가거나 엘리베이터를 기다리는 동안 보이는 모든 글자를 소리 내 읽었다. 틈틈이 생활 속에서 리딩 훈련을 한 것이다. 방송 3사의 뉴스 스타일을 분석하기 위해서 매일 3사의 뉴스를 모두 모니터하기도 했다.

가장 어려웠던 부분은 비디오였다. 처음으로 화면에 나온 내 모습을 모니터할 때 좌절감이란! 지금도 그 장면을 잊을 수 없다. 뭔가 모르게 어색한 눈빛, 비대칭으로 보이는 턱, 말할 때 입술이 비뚤어지는 부분 등 고쳐야 할 것 투성이었다. 이를 고치기 위해서 표정 근육을 다르게 사용해 보고 혹은 미묘한 각도 조정을 해보는 등 정말 많은 노력을 기울였다. 메이크업을 통해 보완하기도 했다. 의외로 힘들었던 과정은 프로필 촬영이었다. 익숙하지 않은 환경에서 의상을 선택하는 것이나 헤어스타일, 메이크업 그리고 높은 굽을 신고 포즈를 취하며 밝고 생동감 있는 표정을 만들어내는 것이 쉽지 않았다. 지금이야 퍼스널컬러 진단을 받을 수 있는 곳이 많아졌고, 여러 툴로 자신에게 어울리는 의상이나 스타일링에 대해 조언받을 수 있지만, 그때는 직접 시행착오를 겪으며 준비할 수밖에 없었다. 지금 생각해보면 경제적으로, 심리적으로, 육체적으로 힘들었던 도전기였다.

지금 돌이켜 생각해보면 인생이란 큰 줄기 속에서 그때의 그 시간이 나의 많은 부분을 형성했다는 생각이 든다. 쉽게 얻지 못한 결과였기에 주어진 일 하나하나에 감사함을 느꼈다. 성취감이 무엇인지도 알게 되었다. 화면이라는 절제된 상황과 한정된 표현이라는 조건 속에서 나만의 매력을 적절하게 표현하려고 했다. 정도를 조절하며 훈련해왔던 과정은 사회생활을 하면서 필요한 상황에서 자연스럽

게 매력을 어필하는 것도 가능케 했다. '아나운서'가 되기
위한 이 모든 노력은 '아나운서'가 되지 않았어도 정말 많
은 도움이 됐을 것이라고 장담한다. 잘할 수 있는지. 즐길
수 있는지, 이 두 가지 질문에 고개를 끄덕이게 된다면, '할
수 있다!'는 신념을 갖고 도전하길 바란다.

# Q1
# 아나운서의 지원 자격과
# 채용과정은 어떻게 되나요?

아나운서의 지원 자격에 연령, 성별, 학력에 대한 제한은 없다. 남자의 경우 병역필 또는 면제자가 지원할 수 있다. 또 해외여행에 결격사유가 없는 자에 한한다. 공중파 방송사의 공채를 기준으로 했을 때 KBS의 경우 보통 5차까지 전형이 진행된다. 한때 비대면 영상제출로 대체하기도 했었는데 공정성에 대한 부분이 제기되면서 대면 카메라 테스트로 진행하고 있다. 대개 서류를 통해 기본적인 자격요건에 대한 검증과 직무 관련 경험들을 확인하고 필기를 통해 아나운서가 갖춰야 하는 교양과 필수 지식 사항을 점검한다. 그리고 작문을 통해 느껴지는 가치관을 파악한다. 이후 카메라 테스트를 비롯한 면접을 통해서 실무능력을 파악하고 임원 면접을 통해 최종적으로 방송사의 성격과 지향점에 부합하는 지원자를 선별하게 되는 것이다.

| 1차 | 서류 |
|---|---|
| 2차 | 필기 평가 |
| 3차 | 실무능력 평가 (인성검사 포함) |
| 4차 | 임원면접 평가 |
| 5차 | 신체검사 및 신원조회 |

보통 서류에서는 입사지원서와 자기소개서 그리고 포트폴리오 영상제출을 하게 된다. 포트폴리오 영상은 자기소개나 뉴스 원고 등을 리딩하는 영상을 지칭한다. 만약 포트폴리오 영상제출이 없다면 1차에서 서류와 함께 현장 카메라 테스트를 본다. 카메라테스트의 경우는 대개 면접에 대한 답변이 아닌 오로지 간단한 원고 낭독으로 빠르게 이루어진다. 보통은 뉴스 단신1이나 앵커 멘트1, 교양MC나 오락MC 원고이다. 1차에 서류와 프로필사진을 본 뒤 2차에서 카메라테스트를 진행하는 경우도 있다.

서류전형에 필요한 구체적이고 공식적인 자격증은 없지만, 다양한 자격증을 따놓으면 평가에 유리하다. 요구되는 자격 사항이 까다로운 만큼 준비를 철저하게 해서 나쁠 것이 없다. 전혀 관계가 없어 보이는 자격증도 다양한 분야를 다뤄야 하는 아나운서에게는 차별화된 경쟁력으로 작용할 수 있다.

다음은 필기시험이다. 최근 이슈나 교양을 검증하는 상식문제를 테스트하거나 특정 주제를 기반으로 에세이 형식의 글을 쓰는 작문 시험을 치른다. 최근 도입된 인적성 검사를 치르는 경우도 있다. 방송사에 따라 논술과 작문 2가지를 모두 보고 인적성 검사와 상식 시험을 동시에 보는 곳도 있다. 최근에는 공중파를 제외한 많은 방송사에서 필기 전형을 생략하기도 했다.

카메라테스트와 면접은 거의 동시에 진행된다. 직무 특성상 면접에서도 늘 카메라가 돌아가고 있다. 대답하는 지원자들이 화면상에 어떤 느낌으로 표출되는지를 심사하는 것이다. 면접과 함께 즉흥 원고 낭독과 즉흥 스피치 테스트 등을 진행한다. 이때 표정이나 자세에 계속해서 신경써야 한다. 면접에서는 필수 질문사항인 지원동기나 직무 관련 적합성을 보는 질문에 더해, 인성을 가늠할 수 있는 질문, 교양이나 지식 여부를 가늠할 수 있는 질문 등이 나온다. 방송사에 따라 합숙 기간을 거치면서 지원자의 자질을 더욱 깊이 있게 평가하기도 한다.

마지막 임원 면접에서는 후보자가 회사가 추구하는 이미지의 아나운서인지, 회사의 경영철학과 맞는 인재인지에 대한 여부를 확인한다. 지상파 아나운서의 경쟁률은 일반적으로 여자의 경우 1000~2000:1, 남자의 경우 300~700:1 정도가 평균적이다. 지상파 아나운서 면접은 채용과정도 복잡하고 경쟁률도 높아 합격하기가 정말 쉽지 않다. 프리랜서 아나운서의 채용을 통해 경력을 쌓고 도전하는 경우가 대부분인데 그런 경우는 비교적 간단한 채용절차를 거치며 서류 포트폴리오 영상테스트와 현장 카메라테스트 겸 면접으로 끝날 때가 많다. 아나운서 입사시험 중 후보자들이 주로 어려워하는 과정은 다양하다. 사전 실기 11%, 필기시험 25%, 논술 11%, 종합실기 21%,

최종 면접 14%, 모두 다 어려웠다는 대답이 4%로 집계 조
사된 바 있다.

## Q2

# 아나운서 채용에 도전하려면
# 어떻게 준비해야 하나요?

아나운서가 되기 위한 준비과정을 한마디로 표현하자면 '몸부림'이 아닐까 싶다. 이 길 하나만 보고 짧게는 몇 달, 길게는 몇 년을 쏟아부었지만, 뜻대로 되지 않은 현실에 부딪혀 좌절하는 친구들이 종종 있었다. 한 친구는 모든 것을 포기하고 일반기업 공채시험에 응시하기도 했다. 실제로도 사람마다 아나운서가 되고자 결심한 시기는 다양하다. 어린 시절부터 꿈을 키워 온 사람, 학창시절에 꿈을 찾게 된 사람, 그리고 시험 직전 우연히 결심한 사람도 꽤 있다. 아나운서가 된 계기도 스스로 결정한 사람이 있는가 하면 주위의 권유를 받거나 우연히 결정한 사람도 종종 보인다. 일찍 꿈을 키우며 준비한 지원자만큼 갑자기 결정을 내린 사람도 많다는 것이다.

일찍부터 아나운서를 꿈꾸었던 나는 어릴 적부터 차근차근 관련 경력들을 쌓아가면서 준비를 해왔지만 그럼에도 아나운서가 되는 과정은 처절했다. 대부분 방송국 입사시험은 언론고시라고 할 만큼 어렵고, 그만큼 많은 준비를 해야 한다. 나는 우선 기초 아나운싱 능력을 기르기 위해 전문아카데미에 등록하고 관련 교육을 받았다. 이때 만났던 아카데미 동기들과 주말마다 모여 같이 실습을 연습했던 게 큰 도움이 됐다. 지금도 나는 예독을 하지 않아도 오독이 거의 없는 편인데 과거의 이런 경험이 굉장한 도움이 된 것 같다.

필기준비는 영역별로 준비해나갔다. 먼저, 상식은 두 가지 방법으로 공부했다. 종합 상식 도서를 구매해 일반 시사, 세계사 등을 차례로 공부했다. 최근 시사는 지금까지 해온 신문스크랩을 보며 분기마다 나오는 최신 시사 책자로 정리했다. 국어공부는 한국어 능력 시험을 준비하며 관련 문제집을 통해 공부했다. 가장 큰 난제가 방송사의 논술시험이었다. 방송사의 논술시험은 그 사람의 논리력과 분석력을 평가하는 것으로 매우 중요한 순서다. 신문 사설을 활용해 주제를 파악하고 나의 논리로 다시 서론-본론-결론으로 글을 재구성한 뒤, 글 쓰는 연습을 해나갔다.

의외로 시험장에서 가장 어려웠던 것은 아나운서로서의 이미지 메이킹이었다. 이를 위한 적합한 메이크업이나 의상, 헤어스타일링에 대한 연습과 모니터링도 필수다. 사실 뭔가를 준비하고 이루려고 한다는 것 자체에 큰 노력과 어려움이 따른다. 그 시간이 길어지면 지치게 마련이다. 아나운서들끼리 하는 얘기 중에 '애매한 순간이 가장 가혹한 순간'이라는 말이 있다. 아나운서에 대한 막연한 환상으로 뛰어든 길에서 낙방을 거듭하다보면 점점 더 합격에 대한 확신이 없어진다. 다른 직업으로 전환하기에는 준비한 시간이 아까워 돌이키기 쉽지 않다. 그런 순간이 가혹한 현실이 된다는 말이다.

## Q3
# 서류전형에 통과하기 위한
# 필수 조건이 있나요?

많은 지원자가 '어떤 대학교를 졸업했는지가 중요하느냐' 는 질문을 한다. 요건에 맞는 학력 자격을 갖췄다면 소위 명문대를 나왔든 지방대를 나왔든 합격에 영향을 미치지 않는다. 다만, 보통 서류전형에서는 기본적으로 방송사에서 제시하는 자격 요건을 충족해야 한다. 학점과 같이 기본적인 성실도를 가늠하는 요소들은 잘 준비해놓는 것이 좋다. 특히 방송사에 따라 요구되는 서류들이 있는데 어학 성적을 반드시 제출해야 하는 방송사도 있으며 KBS의 경우는 한국어능력시험 점수를 필수적으로 제출해야 한다.

어학시험 성적이 요구되는 경우 대개는 원서접수 마감일 기준 2년 이내의 성적 서류를 제출해야 하며 KBS의 경우 최소기준 toeic은 700이상 토플 79이상 텝스 300이상을 요구할 때가 많다. SBS, MBC, tvN 같은 경우는 KBS처럼 지원 자격이 주어지는 필수까지는 아니지만 대부분 1차에 서류 심사가 있는 만큼 거의 기본이라고 불리기 때문에 TOEIC 점수를 취득하는 것이 좋다. 보통은 700점 이상을 기준으로 세우지만 800점 이상을 목표로 두고 취득하는 것이 좋을 듯하다.

KBS한국어 능력시험은 KBS에서 공식적으로 시행하는 시험이다. KBS한국어능력시험 홈페이지에서는 이 시험에 대해 '올바른 한국어 사용의 능력을 갖추고 있는지를 측정하는 시험', '국민의 국어 사용 능력을 높이고 국어문화를 발전시키는 데 기여하기 위해 시행하는 시험'이라고 소개하고 있다. 특히 어휘와 어법과 관련한 문법 영역을 비롯해서 공부를 하지 않으면 생각보다 어려울 수도 있는 시험이니만큼 잘 준비해야 한다. 점수는 보통 3급 혹은 2급 이상이 안정적이다.

이미지를 보여주는 프로필 사진도 제출해야하는 경우가 있다. 일반적으로 증명사진만을 제출하는 다른 회사와 달리 아나운서의 경우 전신과 바스트숏과 같은 전문적인 프로필 사진이 요구되는 경우가 있다. 특히 프로필 사진은 사전에 미리 포즈와 표정 등을 철저하게 준비한다. 많은 비용을 들여 준비한 메이크업이나 의상 촬영비가 낭비되는 일이 없도록 하기 위해서다. 밝고 긍정적인 이미지를 줄 수 있도록 연출해야 하며 과한 움직임 없이 깔끔하게 표현하도록 해야 한다. 직업에 맞는 착장을 통해서 단아하고 신뢰감을 줄 수 있는 이미지를 구축하고 평소에도 스스로 아나운서라는 직업적 이미지가 묻어날 수 있도록 걸음걸이, 태도, 복장 등에 신경써야 한다.

요즘에는 1차 서류전형 자체에서 동영상 포트폴리오 제출이 필수인 경우가 있다. 그런 경우 영상포트폴리오 제작도 해야 한다. 방송사에 따라 특정 편집이나 보정 없이 반드시 정해진 복장규정과 시간에 맞춰 정해진 원고 리딩이나 주제에 맞는 스피치 자기소개 영상 등을 제출하는 경우도 있다. 촬영 영상이 있는 경우 실제 방송 영상으로 대체할 수도 있다. 서류전형에서 프로필사진이나 동영상포트폴리오를 제출하는 경우는 꼼꼼하게 사이즈 용량 내용 등 제안 사항들을 검토해서 그에 맞게 제출하는 것이 중요하다. 동영상 포트폴리오는 방송사에 따라서 의상 규정이나 용량 내용 규정이 있는 경우 그에 반드시 따라야 하며 그렇지 않은 경우는 자기소개 영상이나 리딩 영상 등을 면밀히 준비해 제출해야 한다.

특정한 유형의 방송은 별도로 요구하는 자격 요건들이 있는 경우도 있다. 예를 들면 시황캐스터의 경우, 투자 자격증이나 주식 경제 관련 경력이 있으면 우대를 받는다. 또한 스포츠캐스터나 부동산 채널 전문 아나운서처럼 특정한 주제를 다루는 방송사에서는 관련 자격증이나 경력 등을 요구하기도 한다. 방송사마다 지원조건은 조금씩 차이가 있으므로 필요한 기준을 충족하는지 확인하는 것이 중요하다. 직무에 맞는 대외활동과 관련 분야의 경험 그리고 경쟁력으로 작용할 수 있는 취미나 특기를 잘 작성해야 한다. 면접현장에서 주도권을 지원자가 가질 수 있는 항목 요소들을 기입하는 것이 좋다. 특히 지원사에서 원하는 인재상을 면밀하게 파악해서 거기에 본인이 부합하다는 것을 설득할 수 있는 이력이나 경력을 기입하면 도움이 된다.

# 카메라테스트에서는
# 무엇을 평가하나요?

다른 직종과 가장 큰 차이가 있는 입사 전형 단계가 바로 이 카메라 테스트일 것이다. 그만큼 카메라테스트는 아나운서에게 가장 중요한 단계다. 긴 시간 동안 준비한 모든 것을 그 짧은, 찰나의 순간에 모두 보여주어야 한다. 작디작은 사각 프레임 안에 비치는 나의 얼굴, 음성, 눈빛, 자세를 통해 뿜어낼 수 있는 아나운서로서의 매력을 모두 표현해야 한다.

흔히 1차 전형인 동영상 포트폴리오와 카메라테스트의 차이가 무엇인지 궁금해한다. 동영상 포트폴리오의 경우는 지원자가 잘 녹화된 영상을 심사숙고해 고른 것이다. 포트폴리오가 기본적인 이미지나 아나운싱 실력을 점검하는 것이라면 카메라 테스트에서는 생방송 역량을 집중적으로 테스트하면서 정면 샷, 측면 샷, 전신 샷 등 다양한 카메라 앵글에서의 모습을 확인한다. 또, 예독 없이 주어지는 원고에 대한 오독 여부 및 상황 대처능력 등을 점검한다.

이때 정말 중요한 것 중 제일은 의상이다. 의상을 선택할 때 반드시 고려해야 하는 사항은 세트 색 그리고 조명의 강도이다. 색상은 주로 뉴스의 배경이 되는 세트의 배경색과 같은 것은 절대적으로 피해야 한다. 세트의 색과 비슷할 경우 배경과 인물이 구별되지 않아 곤란하다. 순백색이나 순흑색도 피하는 것이 좋다. 디테일이 보이지 않고 한 덩어리로 보여서 몸집이 비대해 보이거나 얼굴만 동동 뜨는 듯한 느낌을 줄 수 있다.

방송 의상은 의외로 '일상생활에서 입었다면 조금 촌스럽지 않을까'라고 생각될 정도의 색이 잘 받는 경우가 있다. 예를 들면 진달래색이나 개나리색, 하늘색, 연두색 같은 색상도 화사하게 나온다. 명도가 너무 높으면 조명에 색이 날려 흐릿한 인상을 준다. 지나치게 어두운 명도는 나이 들어 보일 수 있어서 화면에서는 조명을 고려해 중간 명도에 채도감이 확실히 있는 의상들이 좋다. 채도가 없는 파스텔도 바스트 숏으로 연출되는 뉴스 화면에서는 배경과 인물의 구분을 명확하게 하지 않아서 체형이 다소 뚱뚱하게 연출될 수 있기 때문이다.

시청자는 화면이라는 사각 틀에 시선이 제한돼 있다. 이를 잡아줄 마땅한 선이 없을 때 화면 속 인물이 흐릿해 보이고 답답해 보인다. 눈에 띄는 선이 있으면 시각적으로 안정감을 느끼고 등장하는 인물도 선명하게 인식한다. 이처럼 카메라는 '선'으로 대상을 구분 짓기 때문에 명확하게 보일 수 있는 색감들을 선택하는 것이 좋다. 의상의 목 옷깃 카라 선택도 굉장히 중요하다. 여자 아나운서는 뒷 옷깃이 너무 높이 올라오면 목이 짧아 보이고, 카라에 따라 이미지가 달라진다. 아예 '카라가 없는' 자켓을 선호하는 편이다. 특히 얼굴이 크건 작건 카메라에서는 '비율'을 통해서 대상이 연출될 수 있기 때문에 두상과 어깨의 비율을 고려해 어깨가 좁아 보이지 않도록 연출한다. 동시에 얼굴이 작아 보이는 효과를 얻을 수 있다. 따라서 아나운서들은 어깨가 처져 보이거나 좁아 보이지 않도록 어깨 라인이 분명하게 살아있는 자켓을 선택해야 한다.

화면에서는 목선이 많이 파일수록 목이 길어 보이고 시원해 보인다. 네크라인을 많이 내려주는 것이 유리하다. 복잡한 무늬는 반드시 피해야 하는데 줄무늬든 물방울무늬든 반복적 패턴이 형성되는 경우 번짐 현상이 일어날 수 있어 피한다. 특히 남자 아나운서의 경우 간혹 넥타이에서 이와 같은 실수를 하는 경우가 왕왕 있어 특별히 주의해야 한다. 카라나 네크라인, 의상에 달린 단추색이나 소재도 신경 써야 한다. 될 수 있으면 장신구는 작고 눈에 잘 띄지 않도록 해서 시청자들이 뉴스 자체에 집중할 수 있도록 배려해야 한다.

남자 지원자의 경우는 체형을 고려한 수트를 선택한다. 마르고 야윈 체격이라면 연한 그레이, 밝은 브라운처럼 부드러운 이미지를 줄 수 있는 의상을 선택하는 것이 좋다. 체격이 있다면 진한 감색 정장도 좋다. 이처럼 아나운서는 실제로 보이는 느낌보다는 화면을 통해 전달되는 이미지로 점수가 매겨지기 때문에 방송 메커니즘에 대한 이해를 통해 전략적인 접근을 해야 한다.

맨눈과는 전혀 다른 느낌으로 나오는 경우가 있으니 아나운서 지망생들은 평소 꾸준한 카메라 모니터훈련을 통해 본인이 가장 매력적으로 나올 수 있는 의상과 헤어스타일, 메이크업을 계속해서 찾아가야 한다. 프로그램의 성격도 고려해야 한다. 예를 들어 자신이 둥근 얼굴과 귀여운 이미지를 가졌다고 가정하자. 이때 둥근 네크라인, 둥근 플랫 카라를 착용하면 어린아이 같은 인상을 주어 뉴스 앵커에 부합하지 않는 분위기가 연출될 수 있다. 따라서 프로그램의 성격에 맞는 이미지를 만들어야 한다.

메이크업은 일상과 달리 색조보다는 뚜렷한 윤곽을 통해 이목구비를 강조하는 메이크업을 해야 한다. 특히 남성과 여성 모두 눈썹 표현에 신경 써야 한다. 피부도 깨끗하게 보일 수 있도록 꼼꼼하게 메이크업을 해야 한다. 특히 뉴스에서는 클로즈업 숏이 많다. 눈동자를 커 보이게 하기 위해 서클렌즈를 착용하면 눈빛을 통해 미묘한 감정을 전달할 때 방해가 되므로 피하도록 한다. 입술은 과한 색조보다는 자연스럽게 생기 도는 컬러로 마무리해야 한다.

의상, 헤어스타일 그리고 메이크업에 이토록 많은 신경을 쓰라고 이야기하는 것은 이 모든 게 전쟁터로 나가기 위한 나의 '전투복'이기 때문이다. 분장이 잘 되어있지 않으면 방송 도중에도 신경이 쓰이기 마련이다. 방송에 들어가기 전 충분히 연습하고 나에게 맞는 의상과 메이크업을 잘 숙지해서 가장 편안한 상태와 최적의 이미지로 시험장에 들어서야 하는 것이다.

본격적으로 카메라 테스트 장에 들어서면 프롬프터를 통하거나 손에 원고를 들고 리딩하는 테스트를 진행한다. 프롬프터 사용 시에는 속도에 잘 맞춰 오독이 없도록 리딩해야 한다. 원고를 리딩할 때에는 그것만 보지 않고 적절하게 카메라를 응시하며 표정 연출이 잘 전달될 수 있도록 한다. 특히 마이크에 머리카락이 스쳐 소리가 들어가지 않도록 헤어 정리를 꼭 해야한다. 인이어는 바깥에서 보이지 않도록 착용 시 의상 안에 잘 정리해야 한다. 카메라 테스트에서 많은 지망생이 긴장한다. 눈썹이 움직이지 않고 입꼬리만 올라가는 등 긴장한 표정이 역력하다. 적당한 고갯짓을 통해 상체가 경직되지 않도록 하고, 눈썹을 움직여 자연스러운 표정을 연출할 수 있어야 한다.

카메라 테스트에서 리딩은 오독 없이 침착하게 원고 내용을 숙지하고 감정을 잘 전달할 수 있는 아나운싱을 하면 된다. 이때 즉흥적으로 상황을 만들어 변수를 두는 경우가 있다. YTN에서는 지원자들에게 뉴스를 진행하도록 하고 갑작스럽게 인이어를 통해 속보상황을 전하라는 지시를 내렸다. 관련 키워드를 화면으로 띄워주고 이에 대한 리포팅을 하도록 했다. 지원자들이 가장 어려워했던 테스트였다. 카메라테스트는 평소 훈련이 되어있지 않으면 절대 합격할 수 없는 과정이다. 그렇기에 준비과정에서 카메라를 통해 비치는 본인의 이미지를 더욱 철저하게 메이킹 해야 한다.

# 필기시험에서는
# 어떤 문제가 나오나요?

KBS에서는 기존의 객관식 상식시험을 폐지하고 KBS 적성직무검사를 도입했다. 단순하게 상식 위주로 암기하던 방식에서 추론능력과 상황 판단력, 문제해결력을 종합적인 사고력 등을 측정할 수 있는 방식으로 변경해 평가하고 있다. MBC에서는 언론고시형 유형을 보이는 문제 자체가 사라지고 필기시험을 많이 수정했다. 기본직무 소양평가를 객관식으로 출제했다. 예전처럼 역사 경제학 영어처럼 특정 분야 지식을 물어보는 유형의 문제는 지양할 것이라는 입장도 밝혔다. NCS 직무적성검사와 비슷한 형태로 변화했다고 보면 된다. 필기시험에서는 논술과 작문을 시켜서 각 모집 분야에 대한 전문성을 평가하는데 분석력, 논리력, 창의력을 갖췄는지 확인하기 위한 주관식 문항이 출제된다. 최근에는 방송사마다 전형적인 필기시험 형식에서 벗어나기 위해 출제 형식을 많이 바꾸고 있는 추세다.

2023년 JTBC 아나운서 필기시험의 경우는 1교시 인성검사, 2교시 적성검사를 나눠 진행했다. 인성검사의 경우 yes/no를 고르는 검사로 다른 기업들과 비슷한 인성검사였다면 2교시 적성검사에서는 창의력을 필요로 하는 문제가 각 항목당 10문제 정도 출제되었다. 국어 대응 낱말 찾기, 숫자 계산 문제, 수열의 규칙성 글자 찾기 문제, 주사위 면을 접었을 때 생기는 문제 등이다. 또, '소극적 회사원이 적극적으로 일하게 된 이유를 최대한 참신하게 적으시오'와 같은 질문도 등장했다. 3교시 서술형 평가에서는 JTBC 보도에서 다룬 적 있는 '50년 만에 돌아온 소똥구리'에 대한 문제가 출제됐다. 소똥구리의 입장문을 60분 동안 700자 분량으로 쓰는 조건이었다.

방송사 논술시험은 논제 정리가 중요하다. 그러나 우리가 출제문제를 예측하는 것은 매우 어렵기 때문에 결국 시험장에서 어떠한 주제가 나오더라도 쓸 수 있을 만한 주제를 마련해 두는 게 중요하다. 단 한 줄이라도 '시험장에서 이 문장을 쓰겠다!'라는 생각을 가지고, 괜찮은 문장을 익혀 두는 것이 좋다. 통 글을 써보는 것도 도움이 되지만, 차용한 문장을 활용하는 것이 이목을 끌 수 있다.

평소 신문만 꾸준히 읽어도 충분히 감이 잡힌다. 주요 신문 헤드라인을 정리해서 이와 관련된 개념들을 익히는 방법, 기사와 관련된 현 상황과 배경을 파악해 논란이 되는 지점과 쟁점을 정리해보는 방법 등이 있다. 논란의 여지가 없는 문장을 활용해 향후의 전망이나 대안을 제시하는 문장을 써보는 것도 좋은 연습이다. 특히 주술 구조가 반복되는 복문보다는 단문으로 문장을 다듬는 훈련을 해야 한다. 신문은 경제지와 종합지로 따로 구독하면서 이슈에 대한 교양을 쌓아가길 추천한다.

## Q6
# 면접 당시
# 기억에 남는 질문은 무엇인가요?

방송산업 현장의 분위기는 어떤 것 같냐는 질문에 이런 답변을 한 적이 있다. "나의 모든 것에, 플러스알파를 보여줘야 하는 치열한 사회가 방송산업이라고 생각합니다." 언뜻 듣기엔 그럴싸해 보이는 답변 같지만, 당시 담당 면접관에게 지적을 당했다. 답변 속에 있는 '치열한'이라는 단어, 그리고 '플러스알파'라는 말이 너무도 경쟁적으로 사회를 바라보는 듯한 느낌을 준다는 것이다. 그 답변에서 부정적 사회관이 엿보인다는 피드백을 들은 이후, 나는 평소 사용하는 어휘를 갈음하는 연습을 했다.

아나운서가 된 이후에는 한 기업의 외부 면접관으로 제안을 받아 참여하게 된 적이 있다. 기본적으로 나는 필수질문사항에 대한 답변 속에 지원자들의 에피소드나 스토리텔링이 담겨있는 것을 중요하게 생각하는데, 그날도 역시 지원동기와 직무역량과 관련된 질문을 던지면서 판에 박힌 듯한 대답을 하는 지원자들에게 적잖이 실망했다. 그때 면접을 진행하는 지원자들을 보며 느꼈던 생각을 다른 면접관에게 물었던 적이 있다. "면접관님, 오늘 면접자들을 보면서 '아, 지금 나보고 면접을 보라고 하면 정말 잘 볼

것 같은데 그때는 왜 그렇게 답변을 잘 하지 못했던 걸까'
하는 생각이 들어요. 정말 그때는 왜 몰랐을까요?"

나의 질문에 그 면접관은 "입장이 바뀌었잖아요. 지금은
보는 시각이 다르니까요."라고 대답했다. 그 이후로 나는
교육생들에게 반드시 면접을 준비할 때 관점의 전환을 꾀
하라고 이야기한다. 즉 지원자의 관점이 아닌 면접관의 관
점에서 답변을 준비해보라는 것이다. 예를 들어, '면접관
은 나에게 저 질문을 왜 하는 걸까?', '어떤 부분에 대해 알
아보려고 저런 유형의 질문을 던진 걸까?' 하는 식의 생각
을 해보는 것이다. 그렇게 접근하다 보면 자연스럽게 답변
이 풍부해질 수 있다.

질문의 유형은 크게 지원동기, 직무에 대한 이해도, 자신
만의 강점이나 경쟁력, 그리고 관련 경력에 대한 질문들이
다. 성장배경이나 관계성 등은 인성을 엿볼 수 있는 질문
이 많다. 방송 프로그램에 대한 질문도 많이 나오는 편이
다. 나는 특정 상황별 대처능력 질문이 가장 어려웠다. 예
를 들자면 '대선 주자들에 대한 인터뷰를 해보세요.'라거
나, '특정 재해 상황에서의 즉석 리포팅을 해보세요.'와 같
은 질문이다. 장소와 시각 등 몇 가지 키워드를 공지한 뒤
즉흥 앵커 멘트를 말해보라는 요구를 받기도 했다. 아나
운서 지망생이라면 일반적인 면접 준비 뿐 아니라, 상황별
아나운싱에 대한 훈련도 꾸준히 하면 좋겠다.

# 최종 합격으로 향하는
# 노하우가 있나요?

기본적으로 방송사에서 요구하는 직무역량은 비슷하다. 그러나 경쟁률이 높은 직업이기 때문에 최종 합격까지 가기 위해서는 본인만의 경쟁력을 반드시 갖춰야 한다. 차별화된 스토리와 이미지, 개성 있는 나의 모습을 보여주는 것이 중요하다. 그러기 위해서는 다양한 경험을 쌓는 것이 우선이다. 모두에게 공평하게 주어진 시간에 많은 경험을 쌓으려면 부지런해야 한다.

나는 대학 4학년이 될 때까지 학점에 집중하면서 성실함을 입증할 수 있는 것들을 만들어나갔다. 공모전이나 대외활동에 참여해 착실히 관련 경험을 쌓았다. 제2외국어를 할 수 있다면 도움이 될 것이라고 생각했기 때문에 영어와 함께 일본어를 공부했다. 4학년 2학기부터는 집중적으로 아나운서 시험을 준비하기 위해 아카데미를 다녔다. 수업료가 비싸기는 했지만, 방송 실무에 대해 정확히 이해하면서 아나운싱의 기본을 배울 수 있었다. 또한 실제 아나운서들이 수업을 진행했기 때문에 실제 직업 현장의 분위기도 느낄 수 있었다.

거듭 말하지만 가장 중요한 것은 단계별로 차근차근 준비해나가는 것이다. 그 과정에 부딪히다 보면 부족한 것이 무엇인지 파악하게 됨과 동시에 자신도 모르는 사이 많은 이야기가 쌓인다. 이것은 면접에서 자연스럽게 다양한 이야기들을 풀어낼 수 있는 나만의 무기가 된다. 경험이 자산이라는 말이 있다. 나이가 들수록 낯선 사람과 처음 직면한 상황 앞에서도 여유로울 수 있는 것은 바로 세월이라는 시간 속에서 쌓아온 다양한 경험데이터 덕분일 것이다.

우리는 불안과 늘 마주한다. 지망생일 때는 아나운서가 될 수 있을까 불안하고, 되고 나서는 첫 방송을 잘 할 수 있을까 불안해한다. 불안이란 감정은 양날의 검과 같다. 자신을 더욱 발전시키는 원동력이 될 수도 있고, 제자리에 주저앉힐 수도 있다. 결국 최종 합격으로 향하는 노하우는 본인이 가진 불안을 어떻게 다루느냐에 달렸다. 그것에 끌려가 서서히 가라앉든지, 아니면 고삐를 잡아 쥐고 계속 나아갈지는 본인의 의지에 달려있다.

# 3 아나운서의 시작

'시작'이라는 두 글자만 봐도 그때 기억으로 두근거린다. 얼마나 감격스러운 단어인가. 세상의 모든 시작은 희망과 설렘을 내재하고 있다. 새벽잠을 설치게 했던 첫 출근, 그 시작이 잊히지 않는다. 방송국에 시험을 보러 갈 때마다 언제나 힐끔힐끔 부러운 눈길로 바라보았던 사원증을 직접 목에 걸었을 때의 감격과 배정받은 자리에 앉아 조심스레 떨리는 가슴을 진정시켰던 순간이 생생히 떠오른다.

또 다른 사회로 진입한다는 흥분과 드디어 나도 보호받을 수 있는 조직에 소속되었다는 안정감이 휘몰아쳤다. 이 벅찬 감정은 아마 첫 직장에 발을 내딛는 모든 이들이 느끼는 공통된 마음일 것이다. 너무도 그리던 공간에서의 생활이 시작됐지만 들뜬 마음도 아주 잠시만 누릴 수 있었다. 막상 아나운서가 되고 보니, 아르바이트나 프리랜서로서 잠시 경험했던 것과는 사뭇 달랐다. 아나운서가 됨과 동시에 화면에 모습을 비치다 보니, 서툴고 어설픈 내 모습에 대한 관심이 쏟아졌다. 조직 안에서의 평가와 동시에 외부로부터 들려오는 시청자들의 비판을 매일 확인해야 했다.

아나운서도 직장인이다. 크고 작은 실수들로 매일 혼나는 게 일이었다. 신입 아나운서 시절은 그야말로 총알이 날아다니고 폭탄이 터지는 전쟁터와 같이 느껴졌다. 소속된 직장 안에서 일어나는 다양한 인간관계와 업무처리의 미숙함에서 오는 실수로 자괴감에 휩싸이기도 했다. 이 악물고 버텨야 했던 나날들이 이어지면서 몇 년간은 매일 야근을 자처했다. 출연했던 프로그램을 모니터하고 지망생일 때보다 훨씬 더 높은 강도로 리딩 훈련을 했었다. 다양한 헤어 연출과 메이크업을 시도해보며 나에게 맞는 이미지를 찾기 위한 노력을 기울이기도 했다. 익숙하지 않은 지역 뉴스를 공부하기 위해 지역신문을 정독하며 지자체장의 이름과 지역 이슈 현안을 정리해가며 뉴스를 준비했다. 오독을 줄이기 위해 마치 활자 중독자처럼 눈에 보이는 모든 글자를 닥치는 대로 소리 내 읽었다. 개인 훈련 이외에도 라디오, 교양, 뉴스, 행사까지 수시로 주어지는 다양한 업무에 맞추어 나를 바꾸기 위해 한시도 긴장을 놓치지 않았다.

돌아보면 신입 시절이 참 중요한 시기였다. 내가 어떤 분야에 특화돼 있는지 강점을 찾고 캐릭터화하는 시기였기 때문에 인생에서 가장 육체적으로 피곤하고 힘들기도 했다. 하지만 그 어느 때보다 정신이 예리하고 명료했다. 열정과 에너지로 가득 차서 내가 가진 눈빛이 가장 영롱하게 빛났던 순간이 아직도 쉽게 잊히지 않는다. 철학자 플라톤은 말했다. 시작은 그 일의 가장 중요한 부분이라고. 시작의 다른 말은 도전이다. 우리는 각각의 분야에서 자기만의 시작을 준비하고 있지만, 도전하는 사람이기에 모두 응원받아 마땅하다.

# Q1
# 아나운서가 되어
# 가장 먼저 하는 일은 무엇인가요?

방송에 투입되기 전, 길게는 몇 개월에 걸쳐 교육을 받는다. 면접에서는 아나운싱에 필요한 기본기와 외적 이미지 정도를 본다면, 교육은 실전에 가까운 절차이다. 아나운서로서 본격적인 디테일을 잡아가는 것이다.

첫 OT를 준비하면서 두근거리는 마음으로 선배님의 책상 앞에 앉았던 날을 또렷이 기억한다. 아카데미에서 배운 기본기를 토대로 주어진 원고를 자신 있게 읽어나갔다. 그러나 칭찬은 고사하고, 무참히 구겨지던 선배의 얼굴이란! 이어지는 한숨 소리와 함께 "총체적 난국이군."이라는 말이 귓가를 울렸다. 아카데미에서는 평조와 기본적인 발성 발음을 훈련하지만, 대부분 처음엔 각자의 성향과 버릇이 묻어나오기 쉽다. 실전에 투입되기 위해서는 얼마나 자연스럽게 뉴스를 전달하느냐, 말 그대로 시청자들에게 잘 이해될 수 있게끔 연출하고 표현하느냐가 중요하다. 교육을 시작하면 읽는 느낌을 완전히 배제하고 정말 말하듯이 읽는 훈련을 시작한다.

첫 업무로 단신 뉴스와 앵커 꼭지가 섞인 30분 정도의 뉴스부터 배정을 받았다. 방송사의 상황에 따라 신입 아나운서로서 맡는 구체적인 업무나 책임은 달라질 수 있다. 대체로 신입 아나운서는 메인 프로그램에 바로 들어가기보다는 주요 프로그램의 꼭지 진행부터 들어가 경험을 쌓는다. 예를 들어 한 시간짜리 편성 프로그램에서 한 꼭지를 맡아 전달한다든가 꼭지 뉴스를 잠깐 전하는 식이다. 라디오도 새벽방송처럼 청취율이 좀 낮은 시간대부터 들어가 맡으면서 본격적으로 방송에 대한 감각을 익혀나간다.

교육이 낭독 위주의 훈련이었다면, 실제 방송을 하면서는 본격적인 화술에도 신경을 쓰게 된다. 아무래도 예능보다는 교양 정보 프로그램에서 표준 발음과 표준어에 더욱 신경쓰게 된다. 풍부한 얘깃거리를 만들어내기 위해 어휘노트나 명언 혹은 격언 노트들을 작성하기도 한다. 모두 수준 높은 화술을 활용하기 위한 노력이다. 잘못된 언어사용은 즉각적인 방송 사고로 이어진다. 시청자들의 날 선 비판이 배정된 모니터 요원의 모니터에도 올라오기 때문이다. 한 마디 한 마디 정말 신중하게 갈음해 내뱉으면서 점차 그러한 것들에 익숙해지는 경험을 하게 된다.

방송 대본 해독 능력을 키우기 위해서 다양한 어조나 속도, 억양을 적용해보기도 한다. 마치 연기자가 연기연습을 하듯 대본 훈련을 하는 것이다. 이런 방법을 다양한 형식과 장르의 프로그램에 적용해본다. 이 단계까지는 본격적인 방송의 메커니즘을 이해해가는 과정이다. 그 이후에 다른 직군의 동료 선배들과의 이해의 폭도 넓히고 협업의 과정을 익힌다. 라디오국, 편성제작국, 보도국, 기술국, 문화사업국, 기획국처럼 각기 다른 직무를 수행하는 여러 부서를 돌며 회사에 대한 전반적인 이해도를 빠르게 쌓아나간다. 각각 맡은 업무에 고유한 요구사항들이 있었다. 특히 가장 가까이서 일하는 담당 피디와 작가들은 저마다 선호하는 작업방식이 있었다. 그들과 본격적으로 일을 하면서 피드백을 구하고 기술을 다듬는 시간이 필요하다. 그러다 보면 어느 순간 회사에 빠르게 회사에 적응해 있는 모습을 볼 수 있다.

아나운서가 되어 가장 먼저 하는 일은 곧 매일 하는 일이다. 맡게 되는 프로그램 편수와 시간대, 직급에 따른 주어진 사무업무 등 틀만 계속 바뀌는 것이다. 처음 하는 일은 오늘도 하는 일이 된다. 다만, 다른 직군과의 협업에 더 능숙해지고 요구사항에 즉각 대응하며 기본기가 느는 식이다. 매일 평가 받는 모니터에 상처받지 말고 득이 될 것을 취해야 한다. 아나운서의 일은 반복되지만, 매번 업무를 대하는 기본자세는 늘 제대로 세팅되어 있어야 한다.

# Q2
# 정규직과 프리랜서 아나운서의
# 차이점은 무엇인가요?

아나운서 지망생들과 상담을 하면 반드시 언급하는 사항이 있다. 바로 직업을 선택할 때 고려해야 하는 요소 중 본인이 어떤 부분을 중요하게 생각하는지에 대한 것이다. 고용 안정성, 일에 대한 열정 등 다양한 요소를 고려할수록 도전의 허들이 높아진다. 그만큼 아나운서는 정규직으로 채용되는 것이 어렵기 때문이다.

최근에는 아나운서 뿐 아니라 방송사 신입을 공채로 뽑는 일 자체가 드물다. 대부분 경력직, 계약직 또는 프리랜서 형태로 인력을 충원한다. 프리랜서 아나운서는 말 그대로 방송사에 고용되지 않은 형태로 아나운서 일을 하는 사람을 뜻한다. 프로그램 진행자로서 계약하며 대부분 회차당 출연료로 정산된다. 프로그램이 끝나거나 개편될 때 진행자가 교체될 수도 있다. 물론 계약사항은 방송사와 아나운서와의 협의로 이뤄진다. 하지만 경력과 인지도에 따라 출연료 차이가 크고, 매번 개편마다 해직에 대한 불안감을 안고 가야 한다. 그 생활이 녹록지 않다.

방송국 밖 세상은 공평하다. 동시에 한 치 앞을 예측할 수 없는 밀림 같다. 활동영역이 넓어져 많은 수익을 창출할 수도 있다는 것이 장점이지만, 치열한 경쟁에 도태되어 생활고를 겪는 경우도 부지기수다. 프리랜서의 명과 암이 있는 셈이다. '고용 안정성'을 우선으로 추구한다면 아나운서를 준비하는 것이 좋은 선택은 아니다. 하지만 고용형태가 불안하다고 해서 꼭 그것이 재정적으로 힘들다는 뜻은 아니다. 소속된 회사가 없으면 어떠한 제재도 없기 때문에 시간적 여유도 확보하면서 개인의 능력과 기량에 따라 얼마든지 활동을 할 수 있다.

방송사에서는 오디션이나 아카데미 추천을 통해 진행자를 섭외하기도 한다. 하지만 이런 형태의 채용을 선호하는 건 지상파 방송사보다 재정 상황이 열악한 작은 프로덕션이나 케이블 방송이다. 따라서 생각보다 출연료가 많지 않다. 이런 실정 탓에 프리랜서 아나운서들은 의외로 생활고를 호소하는 경우가 많다.

정규직 아나운서는 방송사에 고용된 직원이다. 이들은 사내 규정에 따른 직급과 호봉에 따라 월급을 받으며 프로그램당 수당을 받는다. 앞서 말한 프리랜서 아나운서 중에도, 정규직이나 계약직 사원으로 지상파 방송에서 탄탄한 경력을 쌓으며 인지도를 확보한 후 프리랜서로 전향한 케이스가 있다. 같은 프리랜서라도 이런 경우에는 고수익자가 많다.

몇 년 전까지만 해도 방송사에서 인기 가도를 달리던 소속 아나운서가 프리랜서 선언을 했을 때 마치 역적이 된 듯한 사회 분위기가 형성된 적이 있었다. 시작은 이렇다. 정규직 사원 신분의 아나운서들은 월급 외 프로그램 수당을 받는다. 최근 예능을 통해 많이 알려졌다시피 프로그램 당 3~4만 원 수준으로 책정돼 있다. 정규직 아나운서들은 예능에 출연하면서 인지도가 연예인 못지않게 상승했다. 또한, 함께 출연하는 그들과 친분이 깊어지면서 자연스럽게 출연료를 알게 되었고, 본인의 그것과 비교하며 상대적 박탈감을 느꼈다. 그렇게 하나, 둘, 잇따라 퇴직 러시와 프리 선언이 시작됐고 방송계가 술렁거렸다. 이로 인한 인재 유출로 방송사는 불편한 심기를 드러내게 된다. 격노한 지상파 방송사는 프리를 선언한 아나운서들의 자사 출연을 금하기도 했다.

하지만 몇 년 사이 분위기는 사뭇 달라졌다. 프리 선언을 하는 아나운서들이 점차 많아지면서 이제는 방송사에서도 이를 받아들이고 있다. 많은 지망생이 원하는 그림도 방송사에 정규직으로 입사해 안정적으로 직장생활을 영위해 나가며 방송 활동을 하거나 경력과 인지도를 쌓은 뒤 이후 프리랜서 활동을 통해 활동 반경을 넓혀나가는 것이다. 하지만 그것이 계획대로 쉽게 되는 일이 아님은 틀림없다.

앞서 언급했듯이 방송국 밖에는 생활고를 겪는 프리랜서

아나운서가 많다. 그러나 정규직 아나운서 이상의 수입을 가져가는 아나운서도 분명 있다. 사자성어에 '낭중지추'라는 말이 있다. '주머니 속의 송곳'처럼, 될 사람은 결국 주머니 밖으로 드러나기 마련이라는 뜻이다. 프리랜서들은 정규직 아나운서와 달리 필드에서 끊임없이 경험치를 올리고 인맥을 쌓는다. 굵직굵직한 축제 현장이나 소소한 무대 또한 가리지 않고 뛰다 보면 경험은 다 자산이 된다. 정규직 아나운서들 역시 퇴사 후 가장 중요한 것이 인맥이다. 그 점에서 어쩌면 프리랜서는 앞서 나가는 편이다. 물론 이 모든 건 실력이 밑바탕이 되어야 가능한 일이다. 어느 분야든 실력이 받쳐주지 않으면 결국은 도태된다.

프리랜서와 정규직은 현실적으로 출발선이 다르다. 출발선은 경제적인 안정감이나 개인 브랜딩 구축을 위한 첫 구름판 같은 것이다. 그러나 개인 노력 여하에 따라, 결승선은 달라진다. 현재는 유튜브를 비롯한 수많은 개인 채널이 존재하고 있고, 자신을 알릴 기회가 무궁무진하게 많다. 프리랜서에게는 전보다 훨씬 다양하고 많은 기회가 주어졌다. 어느 길을 택하든 결정은 여러분의 몫이다.

## Q3
# 특별히 정해진
# 아나운서의 복장 규정이 있나요?

일을 하는 동안에는 복장을 꼼꼼하게 신경 쓰는 편이다. 담당 피디와 협의 후 결정해야 할 정도로 중요하다. 이는 시청자와 관객에 대한 기본적인 '예의'로 볼 수 있다. 복장은 진행자와 프로그램을 돋보이게 하는 아주 중요한 역할을 하기 때문이다. 일상생활을 하는 평상시에는 따로 복장 규정이 없다. 하지만 아나운서가 방송사를 대표하는 얼굴이라는 생각이 있기 때문에, 대부분 아나운서는 품위를 유지하는 착장을 고수한다.

의상이나 메이크업은 유행속도가 상당히 빠르다. 현대적이고 세련된 감각을 유지하기 위해서 많은 노력을 기울여야 한다. 의상을 선택할 때는 프로그램에 대한 철저한 분석이 밑바탕이 된다. 패널과 파트너, 보조진행자들과의 의상 조화를 상의하며 도움을 받는다. 조명의 강도, 스튜디오의 전반적인 컨셉 등 많은 것들을 고려한다. 방송사에서 의상팀 직원이 의상을 마련해주기도 하지만 프로그램 성격에 맞춰 옷을 입는 것은 최종적으로 본인의 책임이기 때문에 전적으로 의지해서는 안 된다.

뉴스는 화면에 인물이 가장 크게 나오면서 화면 변화가 거의 없다. 프로그램 처음부터 끝까지 앵커의 바스트 숏이 클로즈업 되기 때문에 머리와 어깨의 비율을 잘 설정해서 머리가 커 보이지 않도록 연출하는 게 중요하다. 화면에 의상의 세세한 면까지 보이기 때문에 옷의 구김이나 얼룩, 조금의 흐트러짐도 없는 착장을 해야 한다. 신뢰도를 높일 수 있도록 소녀 같은 분위기보다는 커리어우먼 같은 느낌의 정장 슈트를 입어야 한다. 이때 의상의 목선을 드러내 시원한 느낌을 줄 수 있도록 해야 한다. 타이트한 영상에서는 자칫 답답해 보일 수 있기 때문이다.

교양 프로그램에서는 노출이 심한 의상이나 모피나 보석 등 과하고 화려한 의상보다는 밝은 색상에 가볍고 부드러운 소재이면서 단아하고 단정한 스타일링이 좋다. 반대로 음악 프로그램 진행자나 화려한 무대를 사용하는 방송의 경우는 드레스나 장신구를 활용해서 진행자가 무대와 잘 어우러지도록 해야 한다. 외부 취재물 촬영 시 활동성 있어 보이면서도 바람이나 기상 상황에 따라 흐트러지지 않도록 의상을 수시로 점검해야 한다.

잘 선택된 의상은 시청자들에게 전문적이고 신뢰할 만한 인상을 부여하고 맡은 프로그램의 분위기나 주제를 반영하면서 시청자들에게 자연스런 콘텐츠의 분위기를 노출시키는데 도움을 준다. 아나운서의 의상은 시청자에게 다가

가는 이미지를 결정짓게 하는 중요한 요소중의 하나이기 때문에 신중하게 선택해야 하는 방송의 필수 준비요소인 셈이다.

# 아나운서 직군에도
# 직급과 승진이 있나요?

정규직 아나운서는 직장인이기 때문에 회사의 직급체계를 따른다. 주로 팀장 이상 관리직급과 평사원으로 나뉜다. 직급이 있으니 물론 연차에 따라 승진도 가능하다. 비정규직의 경우는 직급체계를 따르지 않고 경력에 따라 계약조건이 달라진다.

현재 많은 방송사에서 정규직 직원과 계약직 직원이 아나운서실에서 함께 근무한다. 실·국장이나 팀장급 정도가 되면 아나운서실이 따로 분리되어 있다. 아나운서실이 제작국이나 편성국 등 다른 국에 속해 있는 경우에는, 아나운서도 본인 업무 외 해당국의 관리 업무를 병행하기도 한다.

정규직 아나운서들의 경우 각기 맡은 프로그램의 성격이나 개수에 따라 업무 강도의 차이가 크다. 연공서열에 의한 월급체계이기 때문에, 이에 대한 불만이 쉽게 생길 수 있다. 따라서 합리적인 보상체계와 업무 분배에 대한 논의가 계속 있었다. 이를 해결할 방안을 방송사에서도 찾아가는 중이다.

# 아나운서의 연령과
# 성별비율은 어떻게 되나요?

아나운서 및 리포터의 연령은 평균적으로 20~40대가, 성별은 평균적으로 여성이 높은 비율을 차지한다. 정규직의 경우 남성이, 프리랜서는 여성이 더 많은 편이지만 시간이 지나면서 이 비율은 비슷해지는 추세다. 물론 이 부분은 특정 방송 조직, 프로그램 및 업계 내 역할에 따라 달라질 수 있다.

아나운서들 사이에서도 균형 잡힌 성 대표성을 달성하기 위한 논의와 노력이 진행되고 있다. 과거에는 정규직 채용이나 주요 방송사의 메인 프로그램의 진행자가 남성 아나운서로 치우치는 관행이 있었다. 그러나 현재까지 관련한 문제 제기가 지속되자 이를 적극적으로 해소하려는 움직임도 생기는 것이다. 그 결과 최근에는 프로그램 차원에서 여성 진행자를 적극 발굴, 육성하려는 시도도 보인다. 그 시도에 화답하듯 전문성과 매력을 갖춘 여성 아나운서들이 다양한 프로그램에서 메인 진행자로서 활약하고 있다.

아나운서와
방송 프로그램

### 교양 MC

교양 프로그램을 진행하는 MC를 가리킨다. 여기서 '교양 프로그램'은 대중에게 다양한 지식을 전달하고 문화적인 이해의 증진을 목적으로 하는 방송 프로그램을 의미한다. 대표적인 것이 〈생생정보〉와 같은 여행 기행 프로그램이다. 요즘에는 교양과 예능을 혼합해서 교양 예능 프로그램들이 만들어지는 추세다.

### 오락 MC

아나운서는 오락 프로그램에서도 활약한다. 오락 프로그램은 매우 다양한 형식을 가져 다양한 경험을 할 수 있다. 〈뮤직뱅크〉, 〈열린 음악회〉와 같은 가요 쇼, 〈출발 드림팀〉과 같은 게임 쇼, 〈생방송 퀴즈가 좋다〉와 같은 퀴즈 쇼, 〈시네마 데이트〉, 〈출발! 비디오 여행〉과 같은 비디오 쇼, 〈시사터치 코미디 파일〉 같은 코미디 쇼, 토크쇼, 버라이어티 쇼를 비롯해 〈책책책 책을 읽읍시다〉와 같이 공익성을 가지고 시청자를 계도 하는 캠페인 쇼가 있다.

### 시사 프로그램 전문 MC

〈JTBC 뉴스룸〉, SBS 〈사실을 찾아서〉, EBS 〈장애인 문화 뉴스〉와 같이 시대의 흐름과 사회적 관심사에 맞춰 지속적으로 다양한 프로그램이 개발되고 있다. 시사 프로그램 전문 MC는 이러한 프로그램을 진행하는 진행자이다.

## 뉴스 앵커

뉴스 앵커는 방송에서 주로 뉴스를 읽거나 보도하는 직업을 수행하는 사람이다. 이들은 방송국이나 뉴스 채널에서 주로 일하면서 뉴스 프로그램이나 토크쇼 등에서 메인 진행자 역할을 맡는다.

## DJ

Disk Jockey의 약자로 음악을 고르고 재생하는 사람을 뜻하지만, 방송계에서는 라디오 매체를 통해 프로그램을 진행하는 진행자로 통용된다.

## 스포츠 캐스터

스포츠 캐스터는 스포츠 경기나 이벤트를 중계하거나 보도하는 전문가를 가리킨다. TV, 라디오, 온라인 스트리밍 등 다양한 매체에서 활동할 수 있다. 주로 스포츠 중계 프로그램이나 스포츠 뉴스 프로그램에서 활약한다.

## 리포터

리포터는 주로 뉴스 및 다양한 프로그램에서 현장 보도 및 인터뷰를 담당한다. 대개 교양 예능 프로그램에서 이벤트나 행사 현장 보도를 맡아 특정 이슈나 사건에 대한 인터뷰를 진행한다.

## 내레이터

내레이션(Narration)의 사전적 의미는 영화나 tv 프로그램 화면에 맞춰 해설하는 것을 말하지만 방송에서의 내레이터는 텔레비전이나 라디오의 다큐멘터리나 구성물 등을 해설하는 사람을 뜻한다. 내레이션에는 화면에 대한 설명과 함께 배경음악이나 음향효과가 깔리는 것이 보통이다. 이들은 프로그램의 형식과 내용에 따라 전문적으로 음성의 템포나 억양 분위기를 맞추는 전문가다.

*Part 3* 아나운서, 진하기

# 1 아나운서의
일상

교육회사 대표, 대학교 교수, 프리랜서 MC, 전문강사 등 나를 지칭하는 수많은 직함이 있지만 그중 가장 좋아하는 것은 아나운서다. 하루하루 밀려드는 일을 처리하는 고단함 속에서도 아나운서 시절을 떠올리면 늘 힘이 난다. 그때 역시 힘들지 않은 순간이 왜 없겠냐마는, 그럼에도 떠올릴 때마다 슬며시 미소가 지어진다.

김창옥 명사가 '현재 노잼 인생을 살고 있다는 고민을 토로하는 시청자'에게 인생은 3단계가 있다고 말했다. 1단계는 '열정기'로, 열정이 영원할 것이라는 생각을 하는 단계다. 그다음은 '권태기'를 겪는 2단계에 돌입하는데 이때에도 권태가 계속될 것이라는 착각을 한다는 것이다. 마지막 3단계는 '성숙기'다. 이 단계에 접어들면 권태기를 느꼈던 일상의 소중함을 깨닫고 자부심과 성취감으로 일상을 대한다는 이야기다.

아나운서의 일상도 이와 크게 다르지 않다. 생방송에 대한 압박감, 무대 위의 긴장감, 조직 내부평가의 고충, 외부평가에 대한 예민함으로 심신이 힘들지 않을까 싶지만 결코 아니다. 생방송은 짜릿한 스릴을, 무대는 성취감을 준다. 마치 포디움의 지휘자처럼 나의 색으로 채워가는 것이다. 내·외부의 긍정적 평가는 일에 대한 만족도를 높여주고, 타인에게 영향력을 미칠 수 있다는 뿌듯함을 준다. 열정을 지나치게 쏟다 보면 권태로움이 이어지지만, 그것을 발판 삼아 쉼을 얻을 수 있다. 그렇게 천천히 무르익다 보면 성숙해진다. 일련의 과정들을 반복하다 보면 아나운서라는 타이틀이 온전히 내 것이 되는 기쁨을 느낀다.

아나운서 시절의 일상을 거슬러 생각해보면 일상의 모든 스케줄이 방송을 위주로 흘러갔다. 기상과 동시에 '오늘의 날씨'를 살폈다. 라디오든 뉴스든 날씨는 꽤 중요하다. 날씨에 따라 방송의 톤과 무드가 달라지고 대본도 달라지기 때문이다. 출근하면 진행하는 라디오의 선곡을 위해 항상 자료실에 먼저 들렀다. 어느 프로그램이나 마찬가지로 내가 소속된 방송사에도 라디오 피디와 담당 작가가 있었다. 하지만 선곡 부분만큼은 디제이가 직접 담당해야 하는 시스템이었다.

매일 이메일을 열어 원고를 확인하고 어울리는 BGM을 선택하고 그날그날의 선곡표를 작성해서 방송을 준비했다. 당일 발표되는 공식적인 기온뿐만 아니라 하늘색과 피부에 와 닿는 공기의 온도까지 모두 선곡에 고려할 요소들이었다. 작가가 보내준 원고까지 꼼꼼히 읽은 뒤 이 모든 것에 어울리는 음악을 선곡했다. 삼박자가 딱 맞아떨어졌을 때 오는 묘한 희열이란 이루 말할 수 없다. 특히 라디오는 매일 이어지는 평범한 일상이 너무나 소중하다. 보통의 일상이 모여 곧 특별함이 되기 때문이다.

그렇게 선곡표와 원고를 준비해둔 후에는 바로 분장실로 가서 메이크업을 받는다. 메이크업과 착장을 마친 순간은 진짜 아나운서로 변신하는 느낌이 든다. 표정부터 걸음걸이까지 달라지는 것이다. 보도국에 올라가 진행해야 하는 뉴스 원고와 큐시트를 출력해서 뉴스 진행을 준비한다. 그렇게 뉴스를 마친 후에는 라디오국으로 자리를 옮겨 생방송을 진행하게 된다. 여기에, 위클리 프로그램을 진행하는 요일이면 리허설과 방송을 위한 준비로 더욱 정신없이 보내야 했다.

'인생은 짧고 예술은 길다'는 말이 있다. 그 말에 빗대어 아나운서 시절의 일상을 정의한다면 '방송은 짧고 여운은 길다'고 말할 수 있을 것 같다. 체력적으로 힘든 스케줄도 많았지만 'ON AIR' 불이 꺼졌을 때, 높은 하이힐에서 내려왔을 때, 메이크업을 지워냈을 때 찾아오는 여운은 내일도 마이크 앞에 서게 만든다. 그것은 일에 대한 자부심이자 애정이다. 덕분에 아나운서의 일상 속 ON AIR는 24시간 꺼지지 않는다.

# Q1
# 아나운서의 출퇴근 시간은
# 언제인가요?

회사원과 비교했을 때 아나운서의 출퇴근 시간은 비교적 유동적이다. 많은 사람이 아나운서의 근로 시간에 대해 오해한다. '9 to 6' 즉, 오전 9시부터 오후 6시까지 근로 시간은 준수하되, 새벽방송이나 심야방송을 하는 아나운서는 근무 외 수당을 받는 게 아니냐는 식이다. 하지만 그렇게 되면 법적으로 정해진 근로 기준 시간을 벗어나게 된다. 그래서 방송사 소속 정규직 아나운서들은 대부분 배정된 프로그램에 따라 출·퇴근 시간이 정해진다.

예를 들어 오후 4시 프로그램과 오후 8시 프로그램을 진행한다고 하면 보통 밤 10시쯤 끝난다. 이때 출·퇴근 시간은 근로 기준에 맞춰 오후 2시 출근, 방송이 끝나는 밤 10시 퇴근으로 정한다. 다만 정해진 근로 시간 외 너무 이른 출근이나 늦은 퇴근을 하는 경우 사규에 따라 수당이 더 붙을 수 있다. 기본적으로 맡은 프로그램의 운영에도 출·퇴근 시간이 영향을 받는다. 데일리 프로그램<sub>매일매일 진행되는 규칙적인 프로그램</sub>이냐, 아니면 위클리 프로그램<sub>주 1회 진행되는 프로그램</sub>이냐에 따라서도 변동이 있을 수 있다. 게스트의 사정상 프로그램의 사전 미팅이나 리허설, 사전녹화 등을 진행하는 경우도 있다. 그러면 기존 출연 날짜 외의 요일에도 스케줄이 생긴다.

아나운서들은 준비와 리허설을 위한 시간을 마련하기 위해 할당된 근무 시간 전에 방송국으로 통근한다. 이때 주의할 점은 통근 시간을 여유 있게 설정해야 한다는 것이다. 아침 프로그램이나 뉴스 방송을 맡은 경우, 아나운서는 프로그램이 시작하는 시간보다 훨씬 일찍 방송국에 도착해야 한다. 방송국에 도착해서 세팅하고 대본 검토 및 제작팀과의 조율을 마치고 리허설과 회의까지 참여하려면 충분한 시간이 필요하다. 발성 연습으로 잠긴 목도 풀고 메이크업을 하며 프로그램 녹화나 생방송을 준비해야 하기 때문이다.

예전에 오전 7시 뉴스를 진행했을 때 엄청난 폭설이 내린 적이 있었다. 차량이 이동하는 데 무리가 있어 하마터면 방송시간에 늦을 뻔했다. 날씨는 실시간으로 정보가 바뀔 수 있으니 수시로 체크하는 습관을 들여야 한다. 또한, 날씨 때문에 차량 이동이 어려울 때를 가정해 어떻게 이동해야 할지도 늘 생각해두어야 한다. 영화나 드라마에서 본 것처럼 갑자기 퀵 서비스 오토바이를 탄다거나, 무작정 뛰어가는 게 현실이 될 수도 있다. 그런 장면은 영화나 드라마에만 남겨둘 수 있도록 날씨를 꼼꼼히 체크하고, 그에 따른 시간 계획을 잘 세워야 한다.

반대로 저녁이나 심야 프로그램의 경우에는 퇴근 시간을 고려해야 한다. 방송사와 너무 먼 거리에서 출·퇴근을 하면 늦은 밤 퇴근할 때 대중교통 이용이 어려울 수 있다. 또, 심야 근무로 인한 수면시간이 늦어지면서 건강에 무리가 올 수 있다. 아나운서들은 이른 출근과 늦은 퇴근이 잦다 보니 일반인들과 수면 리듬이 다르다. 스스로 본인 컨디션을 잘 돌봐야 한다. 일반 직장인들이 고집하는 '직주근접'으로 출퇴근 시간을 최소화하는 것은 아나운서에게도 유리하다. 최상의 컨디션을 유지할 수 있어 업무적으로도 큰 도움이 된다.

정규직은 물론이고 요즘 들어 많아진 프리랜서 아나운서의 경우, 변동성이 더욱 크다. 특히 프리랜서 아나운서라면 너무 무리해가며 다수의 프로그램을 맡기보다는 본인의 컨디션에 무리가 되지 않는 선에서 스케줄 관리를 계획적으로 해야 한다. 이렇게 조언하고 있는 나 역시 얼마 전 목소리가 나오지 않아 병원에 다녀왔다. 무리한 스케줄로 인한 '성대의 점막 손실'이라고 했다. 자기관리에 철저히 하지 못한 부분에 대해서 심히 자책했다. 목소리가 나오지 않는 두려움은 생각보다 엄청난 압박을 준다. 나로 인해 방송이나 행사에 차질이 생길 수 있고, 프로그램과 관련된 수많은 사람에게 피해를 줄 수 있기 때문이다.

# Q2
## 연휴 혹은 주말에도
## 일해야 하나요?

프리랜서 아나운서로 활동하면서 가장 힘들었던 점은 휴일과 주말 연휴가 없다는 점이었다. 출산 후 프리랜서로 처음 맡게 된 일은 데일리 라디오 프로그램이었다. 정오부터 오후 2시까지 매일 2시간씩 라디오를 진행했다. 교통방송국 프로그램이기 때문에 휴일이나 명절이 가장 큰 대목이었다. 특이사항이 있다면 매번 특집방송으로 운영됐다는 점이다. 십 년 가까이 몸담았던 교통방송국에서 데일리 라디오를 진행할 때는 명절에 단 한 번도 집에 간 적이 없었다. 특집인 만큼 많은 게스트와 함께 하기도 했다. 에너지를 많이 써서 시댁에 간 며느리만큼이나 체력 소모가 컸다.

프리랜서 아나운서들의 경우는 '방송이 죽지 않는 한'<sup>죽는다는 표현은 특집 편성의 이유로 정기 방송이 나가지 않는 것을 의미한다.</sup> 무조건 방송 스케줄에 따라야 한다. 정해진 휴일이라는 것이 따로 없다. 배정된 프로그램 자체의 녹화나 생방이 주말에 있다면 당연히 주말은 반납해야 한다. 정규직이라고 예외는 아니다. 방송은 24시간 연중무휴 산업이다. 뉴스 · 스포츠 · 이벤트 그리고 다양한 다른 프로그램들도 종종 주말과 휴일에 계속해서 방송된다. 다만 정규직은 휴일 방송 시 위클리 프로그램이 아닌 데일리 뉴스나, 진행자가 바뀌어도 크게 무리가 없는 방송에 한해 아나운서들이 돌아가면서 휴일 근무를 하기도 한다.

지상파 방송사에서는 연휴나 휴가 갈 때 녹화나 녹음으로 방송을 대체하기도 했다. 예를 들면 일주일 휴가를 간다고 하면, 데일리 라디오의 경우 한 번에 대략 7일 치를 녹음해야 한다. 녹음도 생방송처럼 똑같이 에너지를 쓴다. 막상 휴가 갈 때면 병가를 내야 할 정도의 몸 상태가 되곤 한다. 일생에 한 번뿐인 결혼 그리고 신혼여행을 앞두고서는 더했다. 결혼식 전날 밤, 자정까지 채워서 녹음한 것이다. 남편도 피디라서 함께 야근했다. 결혼 당일 새벽달 아래서 둘이 소주에 우동 한 그릇으로 허기진 배를 채우고 새벽 6시에 다시 일어나 꽃단장을 하러 갔다.

생방을 반드시 해야 하는 경우에는 휴일 수당을 이용할 수 있다. 휴무일에 방송이 있으면 모두 출근을 하고, 대신 휴일 수당을 더 받는 것이다. 더불어 방송이 없는 날 대체휴가를 써서 출근 일수를 맞춘다. 아무래도 방송국 아나운서 인력풀에는 한계가 있고, 휴가는 특정 달에 몰리기 마련이다. 한 번은 금요일 밤 9시 스포츠 뉴스를 생방송으로 진행했는데, 익일인 토요일 새벽 뉴스까지 맡은 적이 있었다. 체력적으로 얼마나 힘들었는지 '강행군'이라는 단어가 절로 떠올랐다. 이처럼 아나운서들은 본인이 맡은 프로그램에 따라 자체적인 휴일을 설정한다. 불규칙한 스케줄에도 일과 삶의 균형을 유지하려는 노력을 기울여야 한다.

## Q3
# 쉬는 날에는
# 시간을 어떻게 보내나요?

일반 직장인들과 다른 불규칙한 스케줄을 가지고 있지만 일과 삶의 균형을 유지하기 위해서 반드시 휴식을 취한다. 고용형태에 따라 사규에 맞는 연차를 쓰기도 하고, 프리랜서는 재량껏 방송이 쉬는 주간이나 스텝들과의 협의를 통해 휴가일정을 잡는다. '쉰다는 것'은 일하는 것만큼 중요하다. 정규직이나 계약직처럼 소속된 형태로 근무하는 근무자들은 계약에 따라 쉴 수 있는 제도가 마련돼 있지만, 프리랜서는 다르다. 수익에 대한 불안도가 높다 보니 혹여나 쉬는 동안 대체자가 생기거나 평판에 문제가 생길까 푹쉬지 못하는 경우가 허다하다. 심지어는 몸이 아파도 참고 일하는 경우가 많다.

실제로 프리랜서 절반 이상은 1년 기준, 3일 이상 쉬지 못한다고 한다. '잠깐이라도 자리를 비우면 일자리를 놓칠 수 있다'는 불안감 때문이다. 혹자는 원하는 대로 쉬고 스케줄을 마음대로 조정해도 되니 더 좋은 게 아닌가 생각도 할 것이다. 그러나 프리랜서는 일하는 만큼이 곧 소득으로 책정된다. 당연히 쉬는 동안은 소득이 없다. 마음 편하게 쉴 수도 없는 셈이다. 월 소득이 규칙적이지 않다 보니 일이 몰려도 무리해서 일하게 되는 경우가 많다. 소득이 없는 달을 대비해서다. 본인이 할 수 있는 업무량을 초과해서 일을 받다 보면 체력적으로 무리가 오고 건강에 이상이 생기기도 한다. 쉬는 것은 다음 일을 위한 숨 고르기이며, 더 오랜 시간 건강하게 일할 수 있는 필수요건이다. 건강을 잃고서는 '내일'과 '내 일' 모두를 기약할 수 없다. 현재만 보고 무리하게 일을 소화하기보다는 늘 최상의 컨디션 유지와 방송의 품질을 위해 스스로의 휴식을 잘 챙겨나가야 한다.

아나운서라고 해서 쉬는 방법이 특별할 것은 없다. 다만 일반적인 직장인들에 비해 아무래도 외모 관리를 잘 해야 하는 직업이다 보니 쉬는 날 관리를 몰아서 받는 경우는 있다. 피부나 체형, 헤어, 손톱 등을 케어하는 것이다. 이슈나 트렌드에도 민감해야 하는 직업적 특성상 유행하는 음악을 찾아 듣고 이슈인 영화나 TV 프로그램도 챙겨본다. 예전에 최인석 박사가 TV에 나와 강연을 했던 내용이 기억에 남는다. 박사는 행복하기 위해서 가정과 일터 외에 제3의 공간으로서 나에게 쉼을 주는 장소를 만들라고 조언했다. 격식과 서열이 없고 소박하면서도 수다를 떨 수 있으며 출입이 자유로운 곳, 음악이 있는 나만의 '아지트'를 찾는 것이 좋다는 제안을 했다. 이에 자극을 받은 나는 아침에 일어나 가볍게 산책하는 길에 들러 커피 한잔할 수 있는 좋은 공간을 찾기도 했다.

아나운서 지망생들에게 적극적으로 추천하고 싶은 것은 '디지털 디톡스'다. 쉼을 위한 쉼을 가져보라고 권하고 싶다. 톡이나 문자 알림음과 전화벨 소리, 노트북 타자 치는 소리에서 벗어나는 것이다. 언제나 시간에 쫓기고, 이런저런 연락에 예민했던 나를 놓아주는 것이다. 일상에서 벗어나 낯선 여행지를 다녀보는 것도 추천한다. 일이 아닌 오롯이 나만을 위한 경험은 큰 자산이 될 것이다. 오늘 허락한 '쉼'은 내일 방송을 위한 큰 '힘'이 될 것이다. 저마다 쉰다는 것에 의미부여를 다르게 한다. 누구는 이른 새벽 드문드문 어르신들이 탕 속에 앉아있는 목욕탕을 가장 좋아하고, 어떤 사람은 귓가를 쩌렁쩌렁하게 울리는 공연장을 찾는다. 어떤 여배우는 멀쩡한 집을 놔두고, 엘리베이터도 없는 5층 건물의 맨 꼭대기 층 월세를 얻어 그곳에서 대본 연습도 하고 사람도 초대한다고 했다. 그런 사적인 공간 또한 환영이다. 가정과 일터 외에 낯설지만 익숙한 사람들, 반대로 익숙하지만 낯선 이들과 뒤섞인 그 모든 공간이 나만의 쉼-터라 말할 수 있겠다.

# Q4

# 평균 연봉이나
# 정년에 대해 알 수 있을까요?

평균 연봉은 경력, 전문성, 방송사에 따라서 천차만별이라 무의미하다. 방송사마다 약간의 차이는 있지만, 일반적으로 공채로 입사하는 경우 평균 3천만 원에서 6천만 원 사이의 연봉을 받는다. 직급이 올라갈 때마다 연봉이 15~20%씩 상승하고, 프로그램 수당도 회당 만4천~4만원으로 차이가 있다. 따라서 일반 직장처럼 호봉으로 정확히 나눌 수 없다. 월급 이외 맡은 프로그램 수에 따라 급여 차이가 있기 때문이다.

프리랜서는 경력과 진행 전문성에 따라 프로그램 녹화시간 및 빈도, 출연방송의 성격에 따라 회당 출연료가 다양하게 결정된다. 아나운서 지망생들이 행사 진행비를 궁금해하는데, 여자 아나운서는 경력에 따라 보통 50~300만원 사이의 행사비를 받는다. 물론 인지도에 따라 훨씬 더 많은 행사료로 진행하는 아나운서도 있다.

아나운서의 정년은 고용된 방송사의 내부 지침이나 업계 표준에 따라 결정된다. 다만 프리랜서는 따로 정년이 없고 체력적으로 관리만 잘한다면 얼마든지 오랫동안 방송 활동을 할 수 있다. 일례로 내가 아는 아나운서 선배는 퇴직 후 프리랜서 제안을 받아 이후 10년 넘게 라디오를 진행하기도 했다. 이런 케이스는 생각보다 꽤 많다.

방송산업 내에서 다른 역할로의 전환을 제안받으며 더 일찍 은퇴하는 이들도 많다. 정년 이후에 전문적인 특기를 살려 전문위원이나 교수, 기관장 등으로 이동하는 것이다.

## 2 아나운서의 관리

직업을 선택할 때는 내 가치가 그로 인해 얼마나 높아질지를 생각하라는 정승재 강사의 말이 떠오른다. 남들보다 더 잘 할 수 있을 것 같은 순간은 어느 날 찾아온다. 문득 TV를 보면서 '어? 저 아나운서보다 내가 더 잘 할 수 있을 것 같은데?' 확신이 들 때가 있었다. 다른 프로그램을 모니터하면서 진행자의 장점을 배우려고 노력도 하지만, 어느 순간 타인을 평가할 수 있는 귀가 트이기도 한다. 아나운서마다 취약한 발음이나 어색한 어조들이 확실하게 파악된다. 이러한 순간은 누구에게나 찾아온다. 그것이 적성이다. 아나운서들은 함께 모니터하며 서로의 장점을 취한다. 영화 〈이보다 더 좋을 순 없다〉의 명대사처럼, 서로의 성장을 보면서 자신을 더 좋은 사람으로 발전케 하는 것이다.

적성에 맞는 직업을 선택하는 것은 운명 같은 사랑을 만난 것만큼 축복이다. 자신감도, 더 잘하고 싶은 욕심도 생긴다. 사람은 좋아하는 것을 할 때 눈빛이 다르고 열정이 솟아난다. 하지만 적성이 전부는 아니다. 지속적인 관리나 노력을 게을리했을 때 그 가치는 쉽사리 무너진다. 57년생

170

가수 인순이는 원 없이 노래하기 위해 식단과 체력관리를 한다고 말했다. 무대 위에서 관객들에게 보이는 모습 때문일 거라고 생각했는데 그런 단순한 이유가 아니었다. 무대 밖에서 무너지는 자신을 발견하면서부터 관리를 시작했다는 것이다. 한 번 하고 마는 무대가 아니지 않은가. 생각해보면 나도 행사장에서나 방송할 때는 반짝! 기운 내서 최선을 다하고, 돌아서면 그대로 픽 쓰러졌다. 평상시 운동이나 체력관리가 되어있지 않다 보니 대중을 혼자 맞서면서 에너지소모를 하고 나면 기진맥진해졌다.

현재만 보고 달리다 보면 내가 좋아하고 열정을 바칠 수 있는 일을 할 수 있는 기간은 짧아지게 된다. 아나운서로서 무대 위, 혹은 TV 모니터에서 보이는 나를 관리하는 것만큼, 보이지 않는 부분, 특히 체력과 식단 관리는 필수다. 나만의 루틴을 갖고 꾸준한 운동을 통해 심신을 건강하게 유지하는 것, 그것은 아나운서로 활용되는 나의 무기들을 잘 갈고 닦는 수련의 일부다. 전쟁터에 나가는 장수는 하루도 거르지 않고 무기를 관리하고 검술을 연마한다. 이런저런 이유로 하루 이틀 연습을 게을리하면 무뎌진 칼은 칼집에 들어가지 않는다. 평소 꾸준하고 지속적인 자기관리가 아나운서로서 차별화된 경쟁력을 만들어준다. 그 힘은 내가 그토록 원했고 사랑하는 일을 오랫동안 할 수 있도록 도와줄 것이다.

# Q1
# 평소 목 컨디션을
# 관리하는 비법이 있나요?

한 성악가에게 맑은 목소리 비결이 무엇이냐고 물었다. 돌아온 대답은 의외였다. '공기청정기'였다. 우리나라는 사계절 미세먼지에서 자유롭지 못하다. 환절기에는 건조함이 극에 달한다. 창을 자주 열 수 없는 조건상, 공기청정기만한 게 없다는 게 성악가의 결론이었다. 어떤 가수는 봄가을은 물론이고 여름이고 겨울에도 가습기를 켠다고 했다. 어딜 가든 꼭 챙겨간다고 덧붙였다. 숙면을 취하는데 일정한 실내습도를 유지하는 것이 큰 도움이 된다는 것이다. 틀린 말은 아니다. 아나운서의 목 컨디션 관리 역시 그들과 별반 다르지 않을 것이다.

성대결절로 행사에 차질을 빚은 후, 그동안 목 컨디션 관리에 내가 너무 소홀하지 않았나 반성했다. 위기의식 발동과 함께 본격적인 관리에 들어갔다. 생각해보니 그동안 타고난 성대에 과신해서 목에 좋지 않은 행동은 다 했었다. 음주, 짜고 매운 자극적인 음식, 카페인까지… 물도 자주 마시는 편이 아니었다. 주변에 목을 사용하는 직업을 가진 이들에게 평소 목 관리 하는 방법들을 물어보았다.

172

현재 내가 소속해 있는 국악단을 이끌고 계신 악장님은 소리를 하기 위해 늘 스카프를 둘러 목을 보호하고 한여름에도 절대 찬 음료를 마시지 않는다고 했다. 다른 건 몰라도 아주 차거나 매우 뜨거운 것은 무조건 피하는 것만은 철칙으로 여긴다고 강조하셨다. 성악가 조수미 또한 '찬물을 멀리'하는 것을 제일로 꼽았다. 우리 체온과 비슷한 온도의 물을 마시는 것이 목에 자극을 주지 않는다. 개인적으로 나는 에어컨이나 히터를 트는 것을 좋아하지 않는다. 금방 성대나 안구가 건조해지는 것을 느끼기 때문이다. 아나운서들이 많은 방식 중 한 가지 정도는 꼭 비슷하게 지킨다는 건 재미있는 점이다.

실상 아나운서들뿐만 아니라 이렇게 스스로 직업을 위해 목소리에 의존하는 사람들은 최적의 목소리 건강을 유지하기 위해 목을 특별하게 관리하는 경우가 많다. 그중 몇 가지를 정리해보았다. 먼저 가장 중요한 것은 성대를 건조하지 않게 늘 촉촉하게 관리하는 것이다. 한 번에 많은 양을 마시는 것보다 보온병이나 물통을 들고 다니며 수시로 물을 섭취하는 것이 성대를 윤활하게 유지하고 건조함을 예방하는 데 좋다. 또 흡연이나 과도한 알코올 소비, 카페인은 될 수 있으면 피해야 한다. 목을 건조하게 하거나 자극할 수 있는 자극물에 대한 노출은 최소화한다. 먼지가 많은 곳도 물론 좋지 않다.

특히 목을 사용하기 전, 목을 가다듬는 행위로 자칫 목을 상하게 하는 경우가 있다. 목에 잔뜩 힘을 주면서 큼큼, 기침하는 것은 좋은 방법이 아니다. 오히려 손바닥을 비비고 따뜻한 손으로 부드럽게 성대 주변을 마사지하고 비강과 성대를 편안하게 울려주면 좋다. '음~~~~~' '아~~~~~' 소리를 천천히 편안하게 내며 목을 가다듬는 것을 보컬 워밍업 운동이라고 한다. 이 운동은 성대를 쓸 준비를 해서 긴장을 예방하는 데 도움을 준다. 올바른 발성기술을 연습해서 건강한 음성을 만들어야 한다.

이 모든 것을 했음에도 성대에 무리가 왔다면 그것은 목소리를 과도하게 사용한 것이다. 성대도 쉬어야 한다. 몸이 피곤할 때는 특히 유의하여 과도한 목소리 사용을 자제해야 한다. 나의 경우, 방송이나 행사에서는 의식적으로 아나운싱을 하며 발성을 토대로 한 음성 연출을 해왔기에 문제가 없었다. 하지만 기업 강의나 학원 수업으로 학생들을 가르치면서부터는 나도 모르게 성대에 무리를 주었다. 때로는 흥분하기도 하고 과도한 열정에 목소리를 순간적으로 크게 내기도 한 것이다. 발성을 잘 못 하는 사례를 직접 시연해주기도 했는데 이로 인한 영향도 적지 않았으리라 생각한다. 한번 다친 성대는 이전만큼 돌아오지 않는다. 목을 쓰는 여타 많은 직업군에 종사하는 사람들도 공통된 의견을 가진다. 목 컨디션을 잘 관리하자. 그것도 아나운서가 반드시 갖춰야 할 능력이고, 직업정신이다.

# Q2
# 목소리가 쉬었을 땐
# 어떻게 하나요?

목이 쉬었다는 것을 영어로 표현하면, 'lost someone's voice'라고 한다. 직역하면 목소리를 잃었다고 말할 수 있겠다. 마치, 뭍으로 걸어나가고 싶었던 인어공주가 간절함에 마녀에게 목소리를 내준 그 심정처럼 느껴진다.

일단 목소리가 쉰 이유를 파악하고 이에 따라 조치해야 한다. 감기나 상기도염, 인후염등으로 인해 잦은 기침이나 콧물 가래 등이 발생되면 해당 증상의 영향으로 쉽게 목이 쉬고 잠기는 증상이 있다. 적절한 치료와 처방약 섭취가 중요하다. 수분섭취가 부족하거나 건조한 환경으로 인해 기관지가 손상되는 경우도 있다. 이때는 건조감으로 인해 평소보다 목이 쉬거나 잠길 수 있다. 꾸준한 수분섭취와 온·습도 관리 25~26° 혹은 55% 전후 는 필수다.

이제 우리나라는 사계절 미세먼지나 황사로부터 안전하지 않다. 과도한 먼지나 황사 흡입으로 인한 호흡기 문제가 종종 생긴다. 수치가 좋지 않은 날은 반드시 마스크를 착용해야 한다. 한편, 과도하게 목을 쓰거나 갑자기 소리를 지르는 등 평소와 다르게 큰 목소리를 냈을 때 성대가 다치기도 한다. 직업적 사명감을 안고 있다면 이는 반드시 자제해야 하는 행동이다. 성대 내부에 폴립이나 낭종, 육아종 등이 발생했을 때도 성대가 제대로 열리고 닫히는 데 방해가 된다. 따라서 쉰 소리나 잦은 기침이 날 수 있는데, 이때는 수술적 치료가 필요하다.

역류성 식도염처럼 위산이 역류하거나, 평소 소화불량·위장장애가 있는 경우도 기침을 유발하고 목이 잠기거나 쉬는 등의 변화가 나타날 수 있다. 늦은 시간에 식사를 피하고, 식사 후 바로 눕거나 몸을 기대지 않도록 한다. 실상 쉰 목소리가 나온다는 것은 성대가 긴장되거나 피곤하며 쉬고 싶다는 신호라고 보면 된다. 무조건 쉬는 것이 방법이지만 그러지 못하는 경우 목소리 회복을 촉진할 방법은 다음과 같다.

일단, 일을 제외한 일상생활에서 목소리를 내는 것을 자제한다. 특히 큰 소리로 말하는 것을 피해야 한다. 마이크를 꼭 사용하되, 마이크 음량을 조절하면서 나도 모르게 목소리를 크게 내지 않도록 한다. 아나운서에게 마이크 사용은 굉장히 중요하다. 본인에게 모니터링되는 목소리가 작은 경우, 실제 관객에게 들려지는 목소리와 상관없이 스스로 소리가 작다는 인식을 하게 된다. 그러면 마이크를 사용하면서도 큰 목소리를 내게 되는 것이다. 이럴 땐 부드러운 발성 훈련을 하는 것도 좋다. 부드럽게 입술과 입술 주변의 근육 그리고 비강을 울려주면서 천천히 부드럽게 발성 훈련을 해보도록 한다. 따뜻한 물에 소금 한 티스푼을 섞고 양치질하는 것도 목의 염증을 줄여주고 목을 회복하는 데 일시적으로 도움이 된다.

또, 수시로 수분을 섭취해 성대를 촉촉하게 유지해야 한다. 휴대용 가습기를 장만해서 내가 위치한 그 어떤 곳도 공기가 건조하지 않도록 만들면 좋다. 건조한 공기에 성대가 노출되면 회복이 늦어진다. 만약 가습기가 없다면 보온병에 뜨거운 물을 가득 담고 그 수증기를 잠시 쐬어 주는 것도 좋다. 증기를 들이마시는 것은 성대를 진정시키고 수분을 공급하는 데 도움을 준다. 집에서 쉴 때는 그릇에 뜨거운 물을 채우고, 머리 위에 수건을 올려 텐트를 만들기도 한다. 약 10-15분 동안 증기를 들이마시면 쉰 목소리를 회복하는 데 많은 도움을 얻을 수 있다.

흡연, 간접흡연에 대한 노출, 그리고 목과 성대를 악화시킬 수 있는 강한 화학물질이나 오염물질과 같은 다른 자극제들을 멀리해야 한다. 무엇보다 충분한 수면으로 스트레스 수준을 관리하고, 전반적인 목소리와 면역 체계 건강을 지원하기 위해 균형 잡힌 식사를 유지하는 것이 중요하다. 만약 2주 이상 목이 쉬거나 통증, 삼키기 어려움 또는 기타 증상이 동반되는 경우 이비인후과 전문의 또는 언어

병리학자에게 진단을 받는 것이 좋다. 아나운서는 목소리를 내는 직업이다. 그러나 자신의 몸에 귀를 기울여 몸이 내는 목소리를 듣고, 그에 필요한 보살핌을 주는 것 또한 중요하다는 것을 기억하자.

# Q3
# 방송을 위해서는
# 다이어트가 필수인가요?

지금도 채널을 돌리면 각종 홈쇼핑에서 다이어트 관련 제품을 판다. 다이어트 제품에도 유행주기가 있다. 한동안 시서스 열풍이 불더니, 이제는 한의원에서도 너나 할 것 없이 앞다투어 다이어트약을 판다. 이제 다이어트는 '보이는' 직업을 가진 이들만의 숙제가 아니다. 전 국민, 전 세계인들의 숙원사업이 됐다. 아나운서들도 만나면 자연스럽게 다이어트 이야기를 꺼낸다. 친할수록 서로 모니터를 해주며 아주 솔직하고 신랄하게 짚어준다. 동시에 직접 해본 효과 좋은 다이어트 방법이나 제품을 추천해주기도 한다.

우리나라 남녀 아나운서 평균 체중, 키는 일반인보다 엄격하다. 키는 큰 편이고, 전체 비율이 좋고, 동시에 마른 편에 속한다. 아나운서라는 직업군 역시 시청자들의 기대를 충족시키기 위해 외모 관리에 특별히 신경을 써왔다는 의미다. 아나운서 지망생들은 제한된 기회를 붙잡기 위해 서로 경쟁하는 상황에서 스스로를 돋보이고, 더 나은 점을 어필해야 한다는 압박감을 가지고 시작한다.

현직 아나운서들은 물론이고 아나운서 지망생들 사이에서도 다이어트와 관련된 정보 공유는 활발하다. 브라운관은 실제와는 조금 다르게 보이는 부분이 있다. 1.5배 정도가 더 비대하게 나온다. 날씬해야만 방송을 할 수 있는 건 아니지만, 아나운서들은 자신이 어느 정도로 체중과 외모를 관리해야 예뻐 보이는지 잘 안다. 다이어트가 비단 외적인 부분을 위한 것만은 아니다. 일부 아나운서들은 외모는 물론이고 전반적으로 건강과 관련된 개인적인 목표를 가지고 있다. 스스로 판단했을 때 브라운관에 나오는 모습에 더욱 만족하기 위해, 혹은 주어진 역할에 더 자신감을 가지기 위해, 또 책임지고 프로그램을 이끌어갈 체력을 위해서라도 체형관리에 많은 노력을 기울인다.

다이어트는 건강한 생활습관을 유지하는 데 큰 도움이 된다. 신체적인 안녕을 챙기는 것은 방송을 포함한 어떤 직업에서도 중요하다. 많은 에너지와 체력을 요구하는 일이기 때문에 이에 대한 대비가 필요하다. 실제로, 방송하다 보면 군것질거리에 많이 노출되는 편이다. 긴 녹화시간 동안 불특정 다수를 만나는 직업이다 보니 정신적인 에너지 소모도 크다. 제공되는 간식을 생각 없이 집어 먹다 보면, 체중이 느는 건 순식간이다. 체력 싸움에 보탬이 되면서 체중관리에는 좋은 간식을 알아두는 것도 좋다.

솔직한 얘기로 다이어트는 필수다. 다만, 건강을 기반으로 한 다이어트라는 조건을 달겠다. 건강을 생각하는 다이어트에는 충분한 수면과 스트레스 관리, 규칙적인 신체 활동도 포함된다. 다이어트 때문에 생기는 스트레스가 방송에 영향을 미쳐선 안 된다. 방송만으로도 정신적인 에너지 소모가 크기 때문이다. 너무 극단적이거나 제한적인 식단으로 꾸린 다이어트는 피해야 한다. 다이어트 관련 약물을 복용하는 것 또한 일시적인 효과만 있을 뿐, 오랜 시간 두고 봤을 때 실패할 확률이 높다. 본인에게 적합하지 않고 지속 가능하지 못한 다이어트는 신체적, 정신적 건강에 부정적인 영향을 미칠 수 있다는 것을 기억하자.

# Q4
# 평소 피부관리는
# 어떻게 하면 좋을까요?

수년째 화장품 CF를 꿰차고 있는 여배우들에게 항상 따라붙는 질문이 있다. 피부관리 비결이다. 아나운서도 이런 배우들과 마찬가지로 화면을 통해 대중들을 만나는 직업이기 때문에 피부관리에 소홀할 수 없다. 매일 짙은 방송용 메이크업과 혹사에 가까운 헤어시술, 불규칙한 방송 시간대로 인해 피부와 두피는 지치고 상하기 쉽다. 날이 갈수록 TV 화질은 점차 좋아지고 있고, 그것에 비치는 피부의 상태는 아나운서의 외적 이미지에 큰 영향을 준다. 아나운서 메이크업의 특징은 색조보다는 또렷한 윤곽 메이크업에 집중한다. 면보다 선을 강조하고, 전체적으로 단정하고 깔끔하게 표현되도록 화장한다.

아이 메이크업으로는 속눈썹이 중요하다. 눈가에 속눈썹용 풀을 빈번하게 사용하게 되는데, 이로 인해 눈 트러블이 굉장히 자주 나는 사람이 있다. 나 역시 잦은 메이크업으로 트러블을 피할 수 없었다. 눈꺼풀에 염증이 자주 나고, 눈이 수시로 붓고 가려운 알러지 반응이 일어나기도 했다. 그래서 특별히 신경쓰게 된 부분이 클렌징이다.

클렌징을 잘하기 위해서는 우선 시중에 판매되는 제품 중 내게 맞는 메이크업 리무버와 클렌징 오일을 찾아야 한다. 하루 업무를 모두 마치고 메이크업을 지울 때 자극을 주지 않아야 하기 때문에 너무 세게 피부를 문지르지 않도록 한다. 속눈썹을 제거할 때도 잡아당기면 안 된다. 세안 시 부드러운 세안제를 사용하여 피부에서 메이크업과 불순물이 모두 제거되도록 한다. 아나운서들은 특히 진한 화장을 지우기 위해 반드시 이중 클렌징을 해야 한다. 막힌 모공을 막고 피부가 숨을 쉴 수 있도록 하는 것이다.

개인적으로 도움을 받았던 것 클렌징 전용 진동 보조기구였다. 이를 통해 거품을 내고 얼굴을 문지를 때 피부 결이 아닌 '피부 반대 결'로 문질렀을 때 모공 속 노폐물이 훨씬 더 잘 빠지고 깨끗하게 유지됐다. 헤어는 두피 건강이 특히 중요하다. 거짓말 조금 보태, 각종 관련 제품을 거의 쏟아붓는 정도로 혹사하기 때문이다. 동료 중 한 사람은 머리 감고 말리고 관리하는 데만 몇'시간'을 들인다 할 정도로 케어하는 데 많은 시간이 소요된다. 대부분 머릿결 관리에만 치중하지만, 두피 건강을 잃으면 탈모가 온다. 피부 화장품만큼이나 중요한 게 헤어 제품이다. 두피 구석구석까지 깨끗이 씻어낸 뒤 잘 말려야 한다. 건조하는 과정 또한 헤어와 두피 관리에 매우 중요하다. 클렌징 후 수분 보충을 위해 수분 보습제를 발라 피부 본연의 장벽을 회복시키고 히알루론산, 세라마이드를 도포한다. 피부에 영양을 공급하고 수분을 공급하는 항산화제와 같은 성분이 있는 보습제도 덧바르는 것이 좋다. 일주일에 한두 번은 영양이 풍부한 얼굴 마스크를 착용한다. 수분을 보충하고 피부에 활력을 주기 위해 수분 마스크, 시트 마스크 또는 진정 마스크를 추천한다.

무엇보다 아나운서의 피부는 트러블에 유의해야 한다. 때문에, 그 원인을 제공하는 음식을 가려야 한다. 피부에 좋은 제품을 열심히 발라도 입속으로 들어가는 음식이 맞지 않으면 피부 속에서부터 문제가 발생한다. 불순물 노폐물 제거에 따뜻한 물을 자주 마시는 것도 좋은 피부를 유지하는 비결 중 하나다. 자신에게 맞는 피부과를 선택해서 주기적으로 관리를 받길 추천한다. 특히 상체 위주의 컷으로 노출되는 직업이다 보니, 목선이나 어깨선 관리를 위해 마사지샵을 병행하는 것도 추천한다. 24시간 나의 일상을 전부 아는 건 오직 나뿐이다. 어쩌면 피부과 전문의보다 내 피부의 상태를 더 잘 알 수 있다. 그러니 내 피부를 지키기 위해 일상 루틴을 조정하자. 그럼에도 피부에 문제가 생길 경우, 피부과 전문의와 상담하여 맞춤형 조언과 권장 사항을 따르도록 하길 바란다.

## Q5
# 체력 및 컨디션 관리는
# 어떻게 하나요?

예부터 하고 싶은 일이 있으면 체력부터 기르라 했다. 체력은 우리 인생에 반드시 갖춰야 할 기본이고, 모든 직업에 요구되는 덕목이다. 체력이 약하면 편한 것을 찾게 되고, 게으름이 따라붙는다. 지나고 나서 나의 업무 태도를 돌이켜보면 확실히 체력이 달려 피로도가 높을 때 함께 일하는 사람들에 대한 배려나 매너도 덩달아 부족해졌던 것을 깨달았다. 체력관리가 이미지의 관리이고 이미지의 관리는 곧 일의 성과로 이어진다. 아나운서는 몸에 꼭 맞는 단정한 옷차림에, 바른 자세를 유지하면서 긴 시간 동안 카메라 앞에 선다. 그것은 엄청난 긴장감을 주기 때문에 체력 소모도 크다. 특히 생방송이나 중요한 이벤트에서는 긴장과 떨림, 그리고 돌발변수에 대처해야 하는 스트레스를 마주하게 된다. 이때 체력적으로 건강하다면 돌발 상황에 더 효과적으로 대처할 수 있다. 튼튼한 몸으로 업무 성과를 향상하다 보면 장기적으로 직업 만족도도 오래 유지된다.

체력관리의 첫걸음은 규칙적인 운동이다. 나도 높은 힐을

신고 서서 음악회 사회를 보던 중 다리가 풀려 넘어질 뻔한 경험이 있다. 평소 다리근육에 신경 쓰지 않았던 탓이다. 곧은 자세로 서서 장시간 진행해야 하는데 하체 근육이 받쳐주지 않으니 다리는 벌어지고 그로 인해 서 있는 모습이 예뻐 보이지 않았다. 그 일이 있었던 후로 나는 하체 근력을 키우기 위한 집중 운동에 들어갔다. 요즘도 하루에 스쿼트 목표를 정해놓고 실천하고 있다. 근육 및 체력 향상을 위한 심혈관 운동으로는 유산소 운동과 근력 운동을 병행하는 것이 최고다. 개인적으로 아나운서 지망생 중 여자에게는 발레를, 남자에겐 필라테스나 수영을 추천한다. 핏이 중요한 아나운서에게 과한 웨이트는 바스트 샷에서 비대한 느낌을 줄 수 있다. 목선과 어깨선을 관리하기에 좋은 발레나 남성의 경우는 수영과 필라테스 등의 운동이 속 근육과 골격을 잡아준다.

특히 방송시간대가 불규칙한 아나운서는 식사습관이 일정하지 않은 것이 문제다. 나도 점심시간에 편성된 생방송을 10여년 간 해오다 보니 아예 점심을 먹지 않게 되고, 여러 이유로 아침까지 거르는 경우도 많았다. 이러한 식사 불균형으로 인해 질병이 생겼고 이를 치료하느라 한동안 고생을 했다. 다양한 과일, 야채, 통곡물, 기름기 없는 단백질, 그리고 건강한 지방을 포함하는 영양가 있고 균형 잡힌 식단을 먹는 것은 양질의 수면과 함께 체력관리에 중요한 요소이다. 프로그램을 진행하다 보면 전문의와 만나기도 해서, 자연스럽게 여러 정보를 얻게 된다. 다양한 분야의 전문가들이 한목소리로 말하는 것이 있다. 보조식품은 말 그대로, 어디까지나 건강을 '보조'하는 식품이라는 것이다. 기본적으로는 식습관과 수면습관을 잘 점검해야 한다.

여러 사람과 협업하며 감정절제를 요구받는 아나운서의 특성상 과한 스트레스에 노출되기 쉽다. 이를 다스리기 위한 나만의 휴식 기술을 연습하고 실천하는 것은 체력을 관리하는 것만큼이나 중요하다. 명상이나 요가 등 마음을 편안하게 해주는 활동이나 스스로가 즐길 수 있는 취미를 찾자. 필요할 때는 친구, 가족, 또는 전문가들의 지원을 구하면서 자신에게 맞는 건강한 스트레스 해소 방법을 터득해야 한다. 건강에 대해 여러 각도에서 이야기 나누어봤지만, 가장 중요한 점은 일관성 유지가 아닐까 한다. 물론 불규칙한 업무와 일상 속에서 규칙적인 생활 루틴을 확립하고 고수한다는 것은 참으로 힘든 일이다. 그러나 시간이 지날수록, 건강관리는 선택이 아닌 직업유지를 위한 필수라는 것을 깨닫게 될 거라고 생각한다.

# Q6
# 자기계발을 위해
# 어떠한 노력을 하나요?

자기 분야에서 성공적으로 자리를 잡은 사람들에게는 공통점이 있다. 안주하지 않고 끝없이 자기계발에 투자했다는 것이다. 배움에는 끝이 없다. 경력이 쌓이면 '요령'이 생기지만, 만족하지 않는 사람이 전보다 한 단계 성장할 수 있다. 어느 분야든 마찬가지다. 앞에서도 언급했듯이 아나운서는 전방위적인 분야의 프로그램에 투입된다. 프로그램을 잘 진행할 수 있으려면 항상 공부하고 학습해야 한다. 최신 트렌드와 산업 동향을 파악은 기본이다. 독서나 워크숍 참여 등 전문성을 높일 수 있는 환경에 자신을 자주 노출해야 한다. 이러한 노출 과정에서 자연스럽게 따라붙는 게 네트워킹이다. 인맥은 아주 큰 자산이다. 다양한 산업 분야의 사람들과 소통하고 관계를 형성하면서 커뮤니케이션 능력을 높여가야 한다.

아나운싱에도 유행이 있다. 기본기를 잃지 않으면서도 세대나 시대가 불편하지 않게 받아들일 수 있는 흐름을 아나운싱에 입혀가야 한다. 경력이 많다고, 자신만의 것이라고 본인의 아나운싱 스타일을 고집하면 도태된다. 원칙을 벗어나지 않는 선에서 다양한 타입을 적용해 보면서 유연한 아나운싱에 도전해보아야 한다. 표현력 증대를 위해 연기공부도 하고, 매일 다르게 생겨나는 신조어나 새롭게 개정되는 표준어도 틈틈이 확인해야 한다. 인터뷰할 수 있을 정도로 외국어도 구사할 수 있다면 더 좋다.

요즘 나는 새로운 미디어 플랫폼에 대해 배우고 있다. 아무리 내가 방송을 잘한다고 해도 그것을 소비하는 소비자에 대한 이해도가 떨어진다면 잘한 방송이라고 할 수 없을 것이다. 미디어를 소비하는 방식과 변화들을 기민하게 파악하려고 공부에 매진한다. 여러 산업이 디지털 기술과 융합되면서 소비유형도 변하고 있다. 이에 따라 콘텐츠의 양상도 달라지기 때문에 이에 대한 공부는 필수다.

어휘향상을 위한 공부도 게을리하지 않는다. 언어의 한계가 곧 그 사람이 가진 세계의 한계라는 비트겐슈타인의 말처럼 정형화된 언어 표현으로 자아도취에 빠지지 않기 위해 노력해야 한다. 또, 적확한 언어를 사용하면서 동시에 참신한 표현을 할 수 있도록 탐구해야 한다. 다양한 주제의 인터뷰에 대응하기 위한 훈련으로 종이 신문이 큰 도움이 된다. 헤드라인에 따르는 이슈에 대한 스크랩과 정리, 이를 통해 나올 수 있는 질문들에 대한 유형들을 정리해본다. 다른 직업인도 마찬가지겠지만, 지속적인 연습과 다양한 경험들은 직무 분야의 전문성을 높이고 자신감을 확보하는 데 큰 도움을 준다.

# 3  아나운서의 방송

첫 방송의 떨림은 아직도 생생하다. 조명이 채 켜지지도 않은 스튜디오에 홀로 들어가 두근거리는 심장을 부여잡고 준비한 원고를 계속 읽고 또 읽으며 연습했다. 무슨 정신으로 첫 방송을 했는지 기억나지 않지만, 내 심장 소리가 마치 귀 옆에서 누군가가 북을 치는 것처럼 들렸다. "앵커 스탠바이!"라는 소리에 그만 숨이 멎는 줄 알았다. ON AIR에 불이 들어오고 카메라를 보며 "여러분, 안녕하십니까." 인사를 건넸을 때 '아! 내가 진짜 아나운서가 됐구나'를 실감했다.

시청자 입장으로 뉴스를 볼 때는 앵커가 평온해 보였는데, 실제 뉴스를 진행해 보니 나 홀로 전쟁터에 있는 것 같았다. 이어폰을 통해 들리는 주조정실 상황 체크하랴, 여러 개의 모니터가 잘 나오고 있는지 확인하랴, 프롬프터에 올라오는 원고 낭독하랴, 정신이 하나도 없었다. 백조가 수면 위에서는 우아한데 정작 물속에서 쉼 없이 발을 휘젓는다고 하지 않는가. 아나운서가 된 나는 우아한 백조로 보이기 위해 온 신경을 집중했었던 것 같다.

방송이 끝난 뒤에 자켓은 식은땀으로 젖어 있었다. 해냈다는 안도감보다는 의외의 허무함이 밀려들었다. 준비의 시간과 긴장의 시간이 너무도 큰 압박감과 피로도로 다가왔는데, 그에 비해 방송이 너무 순식간에 끝나버려 아쉬움이 크게 밀려온 것이다. 마치 결혼식 준비를 몇 개월에 걸쳐서 했는데 예식장에서 단 20여 분 만에 끝나버린 기분과 같았다. 하지만 두 번, 세 번 방송을 거듭할수록 첫 방송이 안겨준 허탈함은 다행히 오늘날은 무사히 잘 마쳤다는 자신감으로 채워졌다.

방송은 철저한 시간의 약속이다. 대부분 아나운서는 직업적으로 시간 강박이 있다. 모든 하루의 시간을 방송 프로그램에 맞춰 일정을 조율해야 하는 아나운서의 일상은 결코 녹록치 않다. 방송국에 재직하던 시절, 매일 아침 뉴스를 진행했다. 새벽 라디오나 뉴스를 진행하는 아나운서들의 기본 기상 시간은 새벽 3시~4시 정도다. 대부분 방송국의 첫 뉴스 시간대를 고려한다면 메이크업 시간과 원고 검토 시간 등 방송에 앞서 준비시간을 가져야 하니, 개인차는 있겠으나 이 시각이 보편적이다. 매일 고단한 생활의 연속이다. 돌이켜 보니 데일리 방송매일 진행하는 방송을 그만두고 나서 가장 행복했던 부분이 시간 강박에서 조금은 자유로워졌다는 것이다.

우스갯소리로 아침 생방송 프로그램을 진행했던 아나운서

들은 악몽으로 대동단결하게 된다는 이야기가 있다. 모이면 꼭 나누게 되는 이야기가 '악몽에 대한 이야기'와 늦어서 허겁지겁 생방송 준비를 하며 '식은땀 났던 순간'에 대한 에피소드이다. 방송국에 가야 하는데 갑자기 폭우나 폭설이 내려서 못 가게 되는 꿈부터 늪에 빠져 허우적거리며 방송국에 가지 못했다는 꿈, 알람을 세 개 이상 맞춰 놓았는데도 세상모르게 자다 눈을 떠보니 부재중 전화가 100통 넘게 와 있었다는 아찔한 일화까지! 각자 가진 에피소드를 모두 풀어놓자면 아마 일박 이일 합숙도 가능할 것이다.

십 년 동안 정오부터 오후 2시까지 라디오를 진행했던 나는 방송이 끝나면 늘 늦은 점심으로 김밥을 먹었다. 오후 2시 이후엔 대부분 식당이 브레이크 타임이었으니 말이다. 하지만 데일리 방송을 그만둔다고 해서 김밥을 졸업할 수 있는 게 아니다. 행사가 쏟아지는 시기에는 이동하면서 간편하게 먹을 수 있는 게 김밥뿐이다. 그러니 김밥을 먹는다는 건, 끊임없이 일이 있다는 것이다. 김밥은 물리는 음식이 아닌, 더 좋아지는 음식이 될 것이다. 그러고 보니 오늘도 종일 김밥만 먹었다. 제임스 매튜 배리 작가는 행복의 비결이 자신이 좋아하는 것을 하는 게 아니라, 지금 하고 있는 것을 좋아하는 것이라고 말했다. 아이러니하게도, 아나운서는 전자와 후자 모두를 가질 수 있다. 살면서 이토록 많은 이들이 나의 이야기에 온 신경을 기울이며 들어주고 반응해준다는 게 얼마나 짜릿한 일인가. 사실 모든 사람은 인기를 원한다는 미치 프린스턴의 말에 어느 정도 공감하게 되는 순간이다. 이 또한 아나운서만 가질 수 있는 행복이다.

아나운서는 끊임없이 자신이란 브랜드를 만들어 가야 한다. 시간에 대한 강박, 생방송에 대한 두려움과 무대에서 느껴지는 긴장감, 그리고 순간순간 달라지는 감정을 컨트롤 해야 한다. 완벽하다 싶을 정도로 멘탈을 관리하고, 빠르게 변화하는 세상에서 뒤처지지 않기 위해 꾸준히 공부해야 한다. 늘 기민하게 대처해야 하기에 솔직히 스트레스도 많은 직업이다. 그러나 방송의 주체는 사람이다. 아나운서의 일은 그 사람들 속에서 휴머니즘을 공유하며 방송과 사람을 이어주는 것이다. 그것은 고충과 스트레스를 기꺼이 감수할 만큼 충분히 매력적이다. '아나운서는 좋은 직업인가?'라는 질문에는 잠시 고민하게 된다. 그러나 아나운서가 나에게 '직업'이 아닌 '좋아하는 일'이냐고 재차 묻는다면, 나는 서슴없이 '그렇다'라고 대답할 것이다.

# Q1
# 아나운서는 방송 전에
# 어떤 준비를 하나요?

프로그램을 맡기 전부터, 어쩌면 아나운서를 준비하는 기간에도 '스탠바이' 중이라고 본다. 특히 여자 아나운서에게는 네일이나 헤어를 화려하게 하지 말라고 조언하고 싶다. 프로그램의 성격상 네일아트를 한 손톱이나 밝은 톤의 염색된 머리가 어울리지 않는 방송도 있기 때문이다. 갑자기 어떤 방송에 출연해도 무난하게 스타일링 할 수 있는 스타일을 고수해야 한다. 예전에 갑자기 국악방송이 잡힌 적이 있었다. 의상은 한복이었다. 하필 그날 우리 전통의상 한복과는 어울리지 않게 손톱에 붉은색 매니큐어를 칠한 상태였다. 다행히 손톱이라 분장실에서 급하게 지웠던 기억이 난다. 만약 손톱이 아니라, 머리카락을 염색했다면 어땠을까? 가발을 써야 했나? 적합한 가발을 구하지 못했다면 어떤 상황이 펼쳐졌을까? 당시를 떠올려보면 여러 아찔한 생각이 든다.

일단 프로그램을 맡으면 끊임없이 스스로 질문을 던지며 각각 프로그램에 대한 분석을 시작해야 한다. 분석 내용은 기획 의도는 무엇인가, 이 프로그램의 전체적인 분위기나 톤은 어떠한가, 주 시청자는 누구인가, 그리고 왜 많은 아나운서 중 내가 이 프로그램을 맡게 되었는가 그리고 어떤 출연자들과 함께할 것인가 하는 것이다. 이러한 질문에 대해 스스로 답변해보면서 진행자의 역할을 파악하게 된다.

기본적인 숙지가 끝났다면 다음은 스텝들과의 긴밀한 회의를 통한 점검이 필요하다. 하나의 프로그램은 아이디어 회의를 통한 기획안 작성과 검토, 출연자 선정, 스튜디오 세팅, 촬영, 편집 등 진행자가 참여하지 못하는 단계가 많다. 프로그램의 기획 의도, 제작 의도를 제대로 반영하기 위해 아나운서는 제작진과 끊임없는 대화를 통해 의견을 맞춰가야 한다. 특히 출연자가 많은 프로그램의 경우, 진행자가 이들과 제작진들이 원활하게 커뮤니케이션을 할 수 있도록 조정자 역할을 해주거나 분위기메이커 역할을 해야 한다. 아무래도 출연진들은 제작진보다는 함께 촬영하는 진행자에게 의지하고 라포를 형성하는 경우가 많다. 미국 토크쇼의 전설적인 진행자 래리 킹은, 말을 제일 잘하는 사람은 논리적으로 말하는 사람이 아니라 남의 말을 잘 들어주는 사람이라고 말했다. 출연자들이 편안하고 안락한 분위기로 방송을 이어갈 수 있도록 진행자는 방송시간 외에도 늘 이들의 말에 귀 기울이고, 소통해야 한다.

다음은 리허설이다. 카메라, 오디오, 조명 등 촬영에 참여하는 많은 사람과 약속을 잡는 것이라고 볼 수 있다. 특히 카메라를 확인하고 동선을 체크하는 것은 진행자에게 굉장히 중요한 부분이다. 시청자들은 카메라를 통해 출연자들을 인식한다. 때문에 나의 동선이 카메라를 가리게 될 경우, 시청자들이 나의 뒤통수나 뒷모습만 보게 되는 불상사가 생길 수 있다. 항상 모니터 화면을 통해, 현재 내 모습이 어떤 모습으로 나가는지 인지하고 고개를 돌리는 방향과 각도 등 세밀하게 체크해야 한다. 출연자가 동선을 벗어나려고 할 때 카메라 시야로 들어올 수 있도록 잘 이끌어주는 것도 진행자의 몫이다. 방송이 시작된 상태에서 벌어지는 모든 상황에서 개입할 수 있는 것은 진행자뿐이라는 것을 잊지 말자. 촬영현장에는 조명을 비롯해 여러 대의 카메라와 오디오 장비 등 전선이 매우 많다. 이동하면서 걸려 넘어지지 않도록 주의하고, 산만해지지 않도록 조심히 움직여야 한다는 것도 염두에 두자.

다음은 방송 전 의상과 메이크업이다. 프로그램의 성격에 맞는 의상을 선정하고, 어울리는 메이크업도 준비해야 한다. 요즘 대부분 방송사에는 코디네이터와 메이크업사가 있다. 아나운서는 이들과 협의하여 의상의 형태와 색상, 헤어 스타일 그리고 메이크업 스타일을 결정한다. 한번은 신중히 의상을 결정하고 방송에 들어갔는데, 하필 그날 배경으로 사용되는 백 화면의 주 배경색이 자켓 색상과 같았던 적이 있다. 결국은 방송을 중단하고 다른 의상으로 갈아입고 방송에 들어갔다. 나의 실수로 수많은 스텝과 출연진들이 대기를 해야 했다. 얼마나 미안하고, 민망한 일이 었는지 모른다.

예전에 기상 캐스터로 일하던 친한 선배는 크로마키 색상을 고려하여 같은 색상을 피해 의상을 선택했다. 그러나 미처 단추 생각까지는 하지 못했다. 하필 크로마키 색이었다. 실제 방송에서는 구멍 난 의상처럼 연출되는 웃지 못할 일도 있었다. 프로그램의 성격은 기본이고, 당일 촬영 현장의 상황, 야외인지 실내인지 그리고 조명의 강도 말하자면 조도에 따라 색상이 달라지기 때문에 아나운서는 의상 선택할 때 이 모든 사항을 크로스체크 해야 한다.

다음은 대본 숙지 및 상황 설계이다. 아나운서는 전체적으로 대본 내용을 숙지하면서 각 파트 마다 어디를 바라보며 이야기를 해야 할지를 정한다. 프로그램의 시그널 음악과 타이틀이 시작될 때 어떤 방식으로 인사할지, 또 출연자를 소개할 때 출연자가 어떤 동선으로 이동하고 퇴장하는지 꼼꼼히 점검한다. 코너는 몇 분 정도의 시간을 할애하고, 출연진마다 인터뷰는 몇 분 정도 진행할지 분배하는 것이다. 방송 전 다시 한번 출연자의 답변을 점검하며, 문제가 될 만한 상황이 발생하지 않도록 확인해야 한다.

특히 사람에 따라 에너지가 다르다는 점도 고려해야 한다. 상대방보다 나의 스피치 에너지 강도가 센 경우 상대방이 부담을 느낄 수 있다. 미리 출연진들과 대화를 나누며 이들의 성격과 특징을 잘 파악해 편안하게 느낄 수 있는 톤과 스피치 에너지를 설정해야 한다. 이들의 강점을 끌어내 최상의 컨디션으로 방송에 임할 수 있도록 리드해야 한다.

모든 사전점검이 끝났다면 혹시 모를 돌발 상황에 대비한다. 프로그램 주제나 소재에 따른 다양한 자료나 애드리브 원고를 미리 준비하는 것이다. 프로그램을 진행하다 보면 수시로 상황이 변하고 예기치 않은 일이 벌어지기도 한다. 애매하게 남는 시간은 진행자가 애드리브로 채워져야 한다. 작가가 준비하지 못하는 여분의 멘트를 준비해서 이 시간에 당황하지 않고 주제와 관련된 이야기를 할 수 있도록 해야 한다. 이처럼 진행자는 온전히 주인의 마음으로 프로그램이 처음부터 끝까지 사고 없이 잘 방송될 수 있도록 철저한 준비를 해야 한다는 것을 잊지 말자.

## Q2
# 경력 많은 아나운서도
# 방송 울렁증이 있나요?

이름을 대면 알만한 진행자도 방송 울렁증에 대해 언급한 적이 있다. 그는 언젠가 카메라 울렁증이 너무 심해 방송을 관두려 했었다고 고백했다. 솔직히 말하면 방송 울렁증은 사라지지 않는다. 다만 그 환경에 익숙해져서 전보다 편안할 뿐이다. 한 프로그램을 오래 진행하다 보면 아무래도 공간과 스텝들, 방송 전반의 것들이 익숙해진다. 경력이 아무리 많은 아나운서도 새로 프로그램을 맡게 되거나 방송환경이나 장소가 바뀌면 매번 긴장한다. 방송 울렁증은 적당한 긴장감을 동반한다.

이 긴장감을 다른 시각으로 보면 좋은 점도 있다. 아무리 좋은 일이어도 매너리즘이나 권태로움이 있기 마련인데 아나운서의 일은 그런 면에서 자유로운 편이다. 봄·가을 개편에 새 프로그램을 맡게 될 때마다 언제든 운동화 끈을 다시 조여야 하기 때문이다. 매번 긴장과 설렘을 동시에 느끼는 것은 또 다른 면에서 매력이 될 수 있다. 직업적으로 느끼는 긴장이 방송을 철저히 준비하게 하고, 예민한 감각을 일깨운다. 프로그램 진행을 매끄럽게 만드는 데

일조하는 것이다. 더불어 돌발 상황에 바로 대비할 수 있게 해 진행자로서 긍정적 결과를 만들기도 한다.

문제가 되는 것은 방송 진행에 영향을 끼칠 만큼의 과도한 긴장일 것이다. 이런 긴장감은 방송 경력이 오래됐다고 해서 없어지는 것이 아니다. 이것을 깨닫게 된 계기가 있었다. 그날은 평소와 별다를 것 없는 일상이었다. 지현아 명창의 공연 진행을 부탁받아 국립 부산국악원에 가기 위해 기차에 올랐다. 진행 멘트를 고심하다 보니 어느새 목적지에 도착했다. 정말 아무렇지 않았다. 늘 그래왔듯 천천히 스트레칭을 하고, 메이크업도 수정하고, 준비한 한복도 입고 호흡 한번 크게 가다듬고 무대에 올랐다. "안녕하세요. 아나운서 김설입니다." 미소를 지으며 인사를 건네는데 갑자기 호흡이 가빠지기 시작했다. 얼굴이 새하얗게 질리고 있는 것이 느껴졌다. 분명히 목소리를 내고는 있는데 숨이 차서 말이 나오지 않았다.

지금 생각해보면 흔히 말하는 약간의 공황장애가 온 것 같다. 이유는 지금도 알 수 없다. 어떤 표정으로 말을 했는지조차 기억나지 않는다. 관객석에서 웅성웅성하는 소리가 귓가에 맴돌았다. 급히 무대에 내려와서 가쁜 숨을 몰아쉬었다. 이후 어찌어찌 행사는 마무리했지만 오랫동안 충격이 이어졌다. 전문직업인으로서, 수많은 무대에서 진행을 해왔던 아나운서로서 정말 말도 안 되는 상황을 만든 스스로가 부끄러워 견딜 수가 없었다. 그 사건이 트라우마가 됐는지 그 이후 행사 무대에서 계속 이 같은 긴장이 발동했다. 소위 말하는 멘탈이 흔들리기 시작했다. 마이크를 영영 내려놓아야 하나 하는 자괴감까지 들었다. 극복이 가능할까, 의심마저 들었다.

그러던 어느 날, 또다시 찾아온 두근거림과 긴장으로 잠시 호흡을 가다듬기 위해 대기실을 찾았다. 당일 출연자로 함께했던 전통무용단원의 수석님과 다른 단원들이 갑자기 약속이나 한 것처럼 가방에서 무언가를 꺼냈다. 긴장을 완화해준다는 약이었다. 그들은 그 약을 꺼내 들고 아무렇지도 않게 담소를 나누며 마셨다. 순간 가슴을 꽉 죄고 있던 원인 모를 매듭이 탁 풀렸다. "매일같이 무대에 서는 선생님들이, 그건 왜 드시는 거예요?" 정신을 차리고 보니, 눈물에 젖은 얼굴로 바보 같은 질문을 하고 말았다. 무용부 선생님은 나지막한 목소리로 내게 말씀하셨다. "우리도 매일매일 무대에 설 때마다 떨려요. 그리고 매 순간 그걸 극복하기 위해 노력해요." 그 대답에 나는 아이처럼 엉엉 소리 내며 울었다. 맞아, 떨리는 것은 당연한 일이고 그걸 극복하기 위해 노력하는 것도 부끄러운 일이 아니구나.

그때부터 본격적으로 나의 방송 울렁증에 부딪혀 왔다. 긴장으로 인해 발현되는 이상 증상들을 없애기보다는 숨기는 방법을 택했다. 예를 들어 마이크를 쥔 손과 큐카드를 쥔 손이 떨릴 때 단상을 이용해 떨림이 있는 몸을 노출하지 않도록 했다. 조명 감독님과 논의해 내게 가장 편안한 조도를 설정하기도 했다. 또, 갑작스러운 핀 조명으로 놀라는 일이 없도록 사전에 부탁드렸다. 긴장으로 인해 호흡이 안 될 경우를 대비해 톤 다운을 훈련했다. 되도록 침착하게 오프닝을 하려고 노력했다. 웬만하면 시나리오를 통으로 암기해서 대본을 들고 있는 손을 자유롭게 만들었다. 편안하게 몸을 쓸 수 있도록 하여 신체의 긴장도를 낮춘 것이다. 자기 암시와 같은 명상법과 단전호흡법도 많은 도움이 됐다. 이제 자신 있게 트라우마를 극복했다 말할 수 있을 정도로 예전의 컨디션을 회복했고, 그 성취감과 뿌듯함은 이루 말할 수 없다.

방송 울렁증이 걱정되는 아나운서들은 우선 울렁증이 있다는 자체를 괴로워하고 부끄럽게 생각하기보다는 당연히 있을 수 있는 일이라고 받아들이는 게 좋다. 우선 스스로를 다독이면서 천천히 극복할 수 있는 다양한 방법들을 시도해보길 제안한다. 방송으로 인한 몸의 경직도가 심한 만큼, 팽팽하게 당긴 고무줄 같은 정신과 마음을 편안하게 내려놓는 훈련을 해야 한다. 행사나 방송 이후에는 반신욕이나 음악 감상, 스트레칭으로 최대한 몸을 이완시키고 마음과 정신도 건강하게 유지될 수 있도록 노력해야 한다. 아나운서가 되어가는 과정을 보면 우아한 황새보다 황태에 더 가깝다. 추운 겨울날 바닷바람을 쐬고 얼고 녹기를 수없이 반복하는 황태 말이다. 칼바람과 차가운 눈을 고스란히 받아들이는 게 먼저다. 혹독한 날씨는 황태를 더 부드럽고 맛있게 만든다. 아나운서는 매 순간 무대 뒤에서 긴장으로 머리카락 끝 한 올 한 올까지 빳빳해지는 걸 경험한다. 수차례 자신을 담금질하는 과정에서 더욱 단단해진다.

# Q3
# 특별히 기억에 남는
# 방송이 있나요?

시사교양 프로그램을 단독으로 진행할 때였다. 당시 6차
산업 활성화를 통한 농가소득증대에 대한 주제로 패널들
과 토크를 이어가고 있었다. 도중에 서산의 팔봉 감자를
시식하는 장면이 있었다. 감자가 생동감을 살리는 데 일조
했다. 모락모락 올라오는 김을 연출하기 위해 스텝들이 감
자를 막 쪄서 준비해왔던 장면을 잊을 수가 없다. 주어진
일을 하기도 바쁜데 그 와중에 감자를 쪄내다니. 덕분에
맛있게 먹긴 했는데 타이밍에 맞춰 감자를 준비하느라 고
생했던 스텝들 얼굴이 하나, 둘 생각난다.

아나운서라면 뉴스 중에 뜨는 긴급 속보에 관한 에피소드
가 하나쯤은 있다. 최초의 흑인 여성 미 국무장관인 '콘돌
리자 라이스' 방한 뉴스를 전할 때 얘기다. 텍스트가 아닌,
인이어를 통해 들리는 담당 피디의 목소리를 듣고 급하게
소식을 전달했다. 그때 영어 이름을 잘 못알아 듣는 바람
에 속보에 엉뚱한 이름이 나갔다. 라디오의 경우, 특집 프
로그램으로 역대 디제이들이 모두 함께 출연했던 공개방
송이 기억난다. 모두 첫 방송 때 처음 선곡했던 음악을 가

지고 나와 소개하는 시간이 있었다. 프로그램에 대한 애정과 아쉬움으로 함께 눈물을 훔치면서 방송을 진행했던 것이 추억으로 남았다.

그중 단연 가장 기억에 깊이 새겨진 방송은 세월호 사고와 이태원 참사에 대해 전할 때였다. 참담한 마음에 속으로 눈물을 흘리면서 오프닝을 했던 기억이 생생하다. 대한민국 국민의 한 사람으로, 한 아이의 엄마로서, 가정을 이루고 살아가는 시민으로 감정을 가장 많이 다스려야 했던 손에 꼽는 방송이었다. 때로는 사회적인 논점을 다루면서도 객관성을 유지하면서 뉴스를 전달해야 하는 것이 힘겨울 때가 있다. 개인적 견해가 지나치거나 어떠한 방향으로 편향되면 안 되기 때문이다. 감정에 휩싸이는 것은 다양한 의견을 수용하고 검증해야 하는 아나운서로서는 적합지 않은 자세다. 아나운서는 프로페셔널리즘을 유지하면서 되도록 감정적인 영향을 최소화하고 관련된 정보를 분석해 제시해야 한다.

이직 후 처음으로 맡았던 트로트 전문 라디오 프로그램은 '마침내' 또 다른 나를 찾아 나선 여정으로 기억된다. 이전 직장에서 클래식이나 영화음악 위주의 프로그램만 진행하다가 난생처음 트로트 음악으로 채워진 큐시트를 받았을 때 조금 난감했다. 당시 아는 트로트 노래도 많지 않았는데, 생방송에 투입되는 가수들의 어마어마한 텐션이란! 나는 그 사이에서 얼렁뚱땅 손뼉만 쳤던 기억이 난다. 진행자가 아닌 관중의 입장에 가까운 박수였다. 생방송 중 전달되는 피디의 디렉팅에 어떻게 할지를 몰라 당황도 했다. 나는 모든 걸 내려놓고, 트로트 '공부'를 했다. 즐길 여유는 없었다. 그러다 보니 점차 따라 부를 수 있는 노래가 하나, 둘 늘고 트로트 가수들과 안면이 트면서 지금껏 나도 몰랐던 나의 끼를 알게 되었다. 노력은 우리를 배신하지 않는다. 때로는 아나운서가 본인의 부끄러움이나 민망함을 과감히 내려놓고 끼를 발산할 수도 있어야 한다는 것을 점차 배워갔던 프로그램이었다.

한번은 배를 타고 리포팅을 하는 형식의 프로그램을 녹화했었다. 뱃멀미를 너무 심하게 해 녹화를 진행할 수 없었던 기억이 난다. 액티비티를 체험하는 프로그램에서는 얼굴이 하얗게 질려 소리만 꽥꽥 지르고 멘트는 하나도 따지 못했다. 일상에서도 나쁜 경험을 통해 무언가를 배울 수 있듯, 실수했거나 사고로 이어진 경험으로는 더 큰 배움을 얻게 된다. 물론 좋은 기억으로 남은 방송에서는 커다란 자부심을 얻는다.

# Q4
# 아나운서가 아플 땐
# 어떻게 하나요?

컨디션이 좋지 않은 상태로 뉴스에 들어간 적이 있었다. 오전부터 위경련으로 고생한 날이었다. 결국엔 뉴스 도중 갑자기 눈앞이 하얘지면서 통증으로 숨이 잘 쉬어지지 않았다. 무조건 참고 리딩 하다 보니 호흡곤란까지 왔다. 이윽고 손에 마비가 왔고 원고를 넘겨야 하는데 손가락이 움직여지지 않는 사태까지 다다랐다. 도대체 어떤 힘으로 뉴스를 끝마쳤는지 모르겠다. 마지막에, "이상으로 뉴스를 마칩니다." 말을 하는 동시에, 카메라맨이 "어, 어, 어, 앵커 넘어간다!"라고 외치는 소리가 희미하게 들렸다.

자리에서 그대로 쓰러진 것이다. 이후 응급실에 실려 가 조치를 받고 다시 복귀했다. 지금도 한 번씩 그 날을 생각하면 아찔하다. 생방송 도중 쓰러졌으면 어쩌나 싶어 간담이 서늘해진다. 그 일이 있고 나서는 컨디션이 좋지 않으면 미련하게 참지 않고 바로바로 담당 피디에게 이야기한다. 대체자를 찾거나 여건이 안 되면 어떤 대비라도 해놓는다. 간혹 아나운서 중에는 책임감 하나로 무리하게 일정을 진행하는 사람도 있는데, 이는 사고로도 이어질 수 있어 위험한 일이다. 반드시 방송 전에 스텝과 상의하고 방송사의 결정에 따라 대비해야 한다.

## Q5
# 생방송 중 실수는
# 어떻게 대처하나요?

생방송 중 사고는 늘 있다. 방송 기술적 문제로 사고가 나기도 하고, 아나운서의 원고 실수가 있기도 하다. 게스트나 패널의 말실수로 사고가 나는 경우도 적지 않다. 야외에서 생방송을 할 때는 예기치 않은 사람들의 난입이나 소음 개입이 있을 수도 있다. 출연진이 사고로 늦는 등 많은 변수를 안고 있어서 한시도 긴장을 늦춰선 안 되는 게 생방송이다.

실수가 있거나 사고가 났음을 인지하면 일단 침착해야 한다. 그 실수가 시청자들에게 눈에 띄지 않도록 평정심을 유지하는 것이 가장 중요하다. 당황하는 순간, 이후 방송은 계속 무너지기 마련이다. 따라서 최대한 집중력을 바짝 끌어올려 중심을 잡아야 한다. 이때 가장 중요한 역할을 하는 사람이 시청취자들의 가장 가까이에 있는 진행자다. 흔들림 없는 진행으로 다른 출연진이나 제작진들의 동요를 정리할 수 있다.

일단 실수가 전면에 드러났을 때는 아나운서는 잘못된 정보를 즉시 정정해 전달하고 그에 대해 공식적으로 사과해야 한다. "죄송합니다. 잠시 방송이 고르지 못했습니다." 등 사과 멘트를 준비해서 이러한 상황에서 침착하게 대응해야 한다.

프롬프터 사고처럼 방송 장비 사고는 수시로 있는 일이다. 이에 대비해 프롬프터가 나오지 않을 때는 자연스럽게 원고를 리딩하면서 진행하고, 나가야 하는 영상이 준비되지 않을 때는 자연스럽게 다음 순서로 넘어가든가, 애드리브를 통해서 시간을 끌어줘야 한다. 어찌 보면 사고 시 아나운서의 대처가 바로 전문성을 드러낼 수 있는 순간이기도 하다.

〈미스터 트롯〉에서 최종 우승자 결과가 집계되지 않아 생방송 중 사고가 날 뻔했던 것을 막은 김성주 아나운서의 대처는 지금까지도 전설로 남아 커뮤니티에 회자되고 있다. 당시 우승자 문자 투표수가 773만여 건을 넘길 정도로 너무 많아 서버가 마비됐다. 제대로 된 집계가 이루어지지 못한 상황에 방송순서는 어느덧 발표의 순간만 남겨두고 있었다. 누가 봐도 방송 사고였다. 시청자들의 분노를 살 만한 대형 사고였다.

하지만 전면에 홀로 서서 이 모든 걸 짊어지고 있던 김성주 아나운서는 달랐다. 그는 침착하게 현 상황 설명을 하며 시청자들이 이해할 수 있도록 도왔다. 김성주는 출연자들의 소감을 차례로 인터뷰하며 분위기를 끌어올렸다. 당시 나를 비롯한 방송계에 몸담은 사람들은 '쪽대본'이라도 계속 전달하는 건가? 생각했을 정도다. 알고 보니 그가 들고 있던 대본에는 단 세 줄만 적혀있었다. 현재까지 집계된 개표수와 함께 집계를 끝내지 못했으니 다음 주에 결과를 발표하겠다는 내용이었다.

이 세 줄을 두고 김성주는 자연스럽게 긴 멘트를 만들어냈다. 순발력을 발휘해 멘트 안에 출연진의 소감과 진행 상황, 그리고 사과의 말까지 깔끔하게 담아냈다. 시간을 끈다는 느낌은 전혀 없었다. 김 아나운서에게 대화를 리드해 이끌어가는 강함이 느껴졌다. 간단한 정보만을 가지고 자신만의 즉흥적인 멘트로 방송을 무사히 마친 것이다. 두고두고 큰 방송 사고로 남을 뻔한 프로그램이 진행자의 탁월한 진행 능력과 유연한 대처로 무사히 엔딩크레딧을 올릴 수 있었다. 해당 프로그램이 시즌제로 이어질 수 있었던 것도 김성주 아나운서의 덕이 크다고 본다. 아나운서도 사람이기 때문에, 말 실수를 하기도 하고 화면에 본인이 잡히지 않는 줄 알고 딴짓하다가 엉뚱한 모습이 고스란히 송출되기도 한다. 자책하고 부끄러워하는 것에 그치지 않고 그것을 검토하고 무엇이 잘못되었는지 분석해 실수로부터 배워야 한다. 실수를 우아하게 처리하고 필요한 정정을 거친 뒤 방송을 매끄럽게 이어나가는 양질의 방송은 진행자의 능력에 달려있다.

# 협업자가 바라보는
# 아나운서

### KBS 라디오작가 한민영

아나운서는 작가의 글을 말로 '변주'하는 사람이다. 이는 아나운서의 말을 작가가 쓴다는 뜻이기도 하다. 평소 시시콜콜한 이야기를 주고받을 정도로 관계를 쌓아가는 게 좋다. 요즘 듣는 음악이 뭔지, 최근에 본 영화는 뭔지, 데이터가 축적될수록 라디오 원고는 아나운서의 말에 가까워진다.

사서함에 엽서를 보내던 시절을 보내고 실시간으로 청취자들과 양방향 소통하는 시대가 열렸다. 이전에는 방송 전 청취자 사연을 미리 숙지하고 부스에 들어갔다면 요즘은 생방송 도중에 모니터를 수시로 확인해야 한다. 쏟아지는 사연 중에 작가가 채택한 것들에 대한 코멘트는 온전히 아나운서의 몫이다. 재치와 순발력, 피디나 작가도 생각지 못할 센스가 기대되는 순간이다.

라디오 특성상 고정 청취자가 있기 마련인데, 누적되어가는 청취자의 사연들을 기억해두는 것도 중요하겠다. 매일 프로그램을 준비하면서 작가와 이러한 부분을 공유하며 이야기하는 것이 도움이 된다.

라디오는 고정 청취자와 매일 동반하는 프로그램이다. 개편에 큰 영향을 받지 않기 때문에 아나운서는 프로그램을 맡게 되면 애청자들과 일상을 공유하며 긴 호흡으로 가야 한다. 작가는 라디오에 대한, 자신이 맡은 프로그램에 대한 애정을 가진 아나운서를 선호한다. 최근 일주일간 어떤 신청곡이 많이 들어왔고 선곡됐으며 중복되는 노래는 없었는지 꿰차고 있어야 한다.

주어진 원고를 그대로 읽는 것보다 자신의 스타일에 맞게 수정해 나가면서 작가와 소통하는 아나운서를 좋아한다. 간혹, 원고를 고치는 것을 싫어하는 작가가 있어 조심스럽다는 아나운서도 있는데 그건 소수에 불과하다. 라디오 전면에서 청취자와 만나는 건, 아나운서다. 작가의 원고가 반드시 정답은 아니다. 입에 붙지 않는 원고는 고치는 것이 맞다.

아나운서의 이야기 속에서 작가의 글이 써지고, 작가의 그것에서 자신만의 메시지를 던질 수 있는 아나운서가 좋다. 그것은 라디오란 매체를 이해하고 사랑하고 아끼는 데서 출발한다. 다양한 음악 장르를 섭렵하고 처음 접하는 신청곡이 들어왔다면 찾아 듣는 것이 노력이 아닌 즐거움이 되었으면 한다. 그리고 이러한 일련의 과정들을 반복하는 기쁨 또한 혼자가 아닌 프로그램을 함께 이끄는 작가와 피디도 있음을 잊지 않았으면 한다.

213

## TJB 이지완 PD

연출자와 출연자는 여러 가지 면에서 대칭이다. 연출자는 카메라 뒤에, 출연자는 앞에 있다. 연출자는 앞으로(미래) 벌어질 일을 구상하는 역할을, 출연자는 그 설계를 지금(현재) 구현하는 역할을 맡는다. 피디와 아나운서, 영화감독과 배우, 지휘자와 연주자의 관계다. 상하관계나 주종관계가 아니다. 존중과 협력을 기반으로 영상 콘텐츠라는 공동의 창작을 위해 일하는 동료 관계다.

과거 권위주의 시대에는 피디가 사령관(commander)이었으나, 지금은 조직자(coordinator)에 가깝다. 프로그램 제작에 필요한 요소들을 선정하고 가장 효과적인 투입 방식을 결정한다. 피디의 구상에서 아나운서는 가장 중요한 요소다. 제작하려는 콘텐츠의 종류에 따라 가장 적합한 아나운서를 섭외한다. 아나운서들은 각자의 스타일과 분위기, 역할 범위(range)가 다양하다. 예능에서 빛을 발하는 아나운서를 뉴스에 쓴다면 누가 봐도 잘못된 섭외(miss-casting)일 것이다.

촬영 전 피디의 머릿속에 있는 그림은 완벽한 것이 아니다. 아나운서와의 소통을 통해 가장 적절한 방식과 분위기가 결정된다. 피디마다 다르겠지만 자신의 구상을 고집하는 경우는 드물다. 특히 유튜브 콘텐츠 등이 대중화되면서 연출 의도보다는 출연자 의존도가 높아지는 것이 트렌드다. 아나운서의 해석과 애드립, 재치와 상식 등이 점점 더 중요해지는 이유다.

피디는 전체적인 기획의 틀을 존중하면서도 자신만의 방식으로 프로그램을 이끌어가는 아나운서를 선호한다. 많은 경우 아나운서에게는 말솜씨(발화)가 중요하다고 여겨진다. 하지만 피디들이 선호하는 아나운서는 오히려 상식이 풍부하고 주제와 부합하는 적절한 이야깃거리를 생산해낼 수 있는 사람에 가깝다.

뉴스와 같이 원고를 정확히 전달하기만 하는 콘텐츠가 아닌 이상, 아나운서의 진행 능력은 매우 중요하다. 이는 하루아침에 얻어지는 재능이 아니다. 풍부한 경험과 노력, 끊임없는 학습을 통해 습득되는 자질이다. 아나운싱(announcing) 능력뿐만 아니라 주제에 대한 탐구욕, 다양한 분야에 대한 상식 축적 등이 중요해지는 이유다.

I am an announcer

*Part 4* 아나운서, 바라보기

# 1 아나운서의 실제

프로그램이 기획되면 기획의도에 적합한 진행자를 찾는다. 시청자들이 프로그램을 접할 때 진행자를 함께 떠올린다면 그 방송은 안정 궤도에 접어들었다고 본다. 아나운서는 방송에서 최후의 전달자이며 프로그램의 상징적 이미지이다. 카메라 뒤에 있는 피디와 작가를 비롯한 많은 스텝이 만들고자 하는 이야기를 어깨에 짊어지고 시청자의 일상 속으로 걸어가야 한다.

TV 화면 속 화려한 모습과 달리 실제 아나운서는 체력적으로 부담이 많은 직업이다. 지역축제 행사를 진행하고 집에 돌아와 내일 해야 하는 업무를 챙기고 이것저것 정리하다 보면 새벽이 되기 일쑤다. 그래도 매일 아침 뉴스를 진행했던 때를 생각하면 지금이 훨씬 나은 건가 싶기도 하다. 초 단위로 시간을 계산하며 방송을 해야 하기 때문에 늘 시간에 강박적이다. 한순간의 실수가 사고로 이어질 수 있기에 누구보다 민감하게 일에 접근하는 것이다.

방송 뒤의 수많은 준비의 시간을 감내하고 고도의 집중력으로 방송에 임한다. 짧은 시간에 많은 에너지를 쏟기 때문에 방송을 끝내고 나면 기진맥진하다. 어찌 보면 편하게 일한다는 오해를 살 수도 있지만, 오해했던 사람들도 우연히 방송할 기회가 생겨 방송을 경험하고 나면 '와 이런 걸 매일 하시다니 정말 대단하시네요.'라는 말을 한다.

아나운서는 다양한 주제로 다양한 환경에서 다양한 사람들과 방송을 하기 때문에 늘 공부해야 한다. 여가시간에도 늘 일에 대비한 관리에 투자해야 한다. 삶에 있어 아나운서들은 맡은 방송에 필요한 모든 부분과 연결되어 있다고 보면 된다. 스스로에 대한 엄격한 관리와 고강도의 업무 스트레스가 있지만, 그 모든 것을 감내하더라도 보람과 즐거움을 느끼는 이들이 있다. 그들이야말로 진정한 아나운서가 아닐까 싶다.

# Q1

## 아나운서의 직업병으로는
## 어떤 것들이 있나요?

표준어 사용에 집착하는 것이 직업병이라면 직업병이다. 좀 더 구체적으로 말하자면 직업 특성에서 오는 강박이라 하겠다. 평소 하는 습관적인 말투나 어휘사용들이 방송에서 묻어나올 수 있기 때문에, 일상에서도 교양 있는 표현이나 표준어를 사용하려고 하는 편이다. 더 나아가 타인이 비표준어를 사용할 경우 자꾸 교정하려고 하는 버릇도 있다.

친구를 만나는 가벼운 만남에서는 무의식적으로 사용하는 줄임말이나 외래어, 비속어를 그냥 넘겨도 되는데 평소 습관이 있다 보니 쉽게 받아들여지지 않는다. 친구들에게 그러한 표현들을 자제해달라 얘기할 때도 종종 있다. 분 · 초 단위로 시간을 고려해 방송을 진행하기 때문에 시간에 엄격하다. 시간 준수를 넘어 엄수에 가깝다. 또 말하는 것을 워낙 좋아하다 보니 어느 자리에 가서도 자꾸 이야기를 주도하려고 한다. 아나운서들 모임에 가보면 서로 자기 이야기를 하느라 신이나 있는 모습을 볼 수 있다.

진짜 병으로 이어질 만한 요소들도 있다. 항상 이어폰을 꽂고 방송을 진행하기 때문에 청력이 안 좋아지기도 한다. 스튜디오의 센 조명을 자주 접하고 모니터를 읽거나 스크립트를 장시간 읽다 보니 시력도 좋을 리 없다. 과도하게 성대 사용으로 성대 결절이 생기기도 하고, 까다로운 방송 환경과 불규칙한 식사시간으로 인한 각종 위장 질환을 겪는다. 나만 해도 위경련은 다반사이고 성대에도 종종 무리가 온다. 긴장된 자세로 오랫동안 꼿꼿함을 유지하다 보니 허리나 목에 통증을 호소하는 아나운서들도 있다.

개인적으로는 아나운서 생활을 하면서 '알레르기' 때문에 많은 고생을 했다. 방송 부스실이나 스튜디오가 첨단 장비가 많은 곳은 먼지도 덩달아 많다. 통풍되지 않는 밀폐된 공간은 사계절 건조하다. 예민한 장비들은 함부로 손댈 수 없어 솔직히 청소를 언제 했나 의심이 된다. 게다가 여름이면 금세 뜨거워지는 장비 탓에 일찌감치 에어컨이 돌아간다. 생활 속에서 먼지와 곰팡이를 접하기 쉬운 것이다. 이러한 환경 요인 때문에 알레르기 반응으로 고생하는 동료들이 더러 있다.

어느 분야든, 강박이나 완벽을 추구하려는 태도에서 비롯된 '직업병'이, 또 직업 때문에 생긴 진짜 병이 있기 마련이다. 어떤 건 시간이 해결해주기도 하고, 반대로 시간이 흐를수록 더 병의 정도가 깊어지기도 한다. 직업병 일부는 스스로가 고쳐나갈 수 있는 습관적인 부분이 있고, 전문 의료진의 도움이 필요한 것도 있다. 직업병에는 나 자신보다 더 좋은 주치의가 없다. 아무리 일이 바빠도 자신의 몸과 마음을 매일 살피는 게 중요하다. 가장 좋은 돌봄은 곧 예방이라는 생각도 든다.

# Q2
# 개인적인 언어습관은
# 어떻게 관리하나요?

방송언어는 전파를 통해 일방적으로 대중에게 전달되는 언어이다. 일상에서 우리가 자유롭게 상대와 주고받는 쌍방향 언어와 다르다. 매체가 갖는 파급력과 광역성, 동시성으로 한 방향으로 전달되는 방송언어는 많은 사람에게 크나큰 영향을 미친다. 이는 학교의 언어교육만큼 크다고 할 수 있다.

개인적으로 방송인의 잘못된 언어습관이 곧 그 사람의 개성으로 미화되어서는 안 된다고 생각한다. 바른 언어를 사용해야 하는 아나운서들은 평소에도 엄격한 기준을 가진 편이다. 세월이 흐르면서 새로 태어나는 말이 있고 사라지는 말이 있듯이, 방송인들에게는 우리말의 변화를 퇴보가 아닌 발전으로 만들어나가는 데 책임이 부여된다.

아나운서 지망생들에게 반드시 교육하는 것도 바로 화법이다. 화자가 일정한 목적을 가지고 자신의 사고를 청자에게 전달하는 수업인데, 이를 통해서 상황과 형식 그리고 목적에 따른 올바른 언어체계로 말하는 훈련을 시킨다. 일상

생활에서 무심코 사용했던 표현들이라도 방송에서 나오면 지적을 받게 된다.

예를 들면 '가능성'이라는 단어는 일이 장차 실현될 수 있는 단계나 상태로 바람직한 현상을 기술할 때 어울리는 말이다. 이 말을 부정적인 상황에서 사용해 지적을 받았다. 우리가 그렇게 되기를 원하는 바가 아니라면 '우려'나 '소지'로 표현해야 한다. 예를 들어 '자동차 운행 시 브레이크가 밀릴 가능성이 있다'가 아니라 '자동차 운행 시 브레이크가 밀릴 우려가 있다'라고 표현해야 맞는 것이다.

일상에서 혼재해서 쓰는 '기간'과 '동안'이라는 단어도 실수하기 쉬운 단어로 잘 구분해 사용해야 한다. 두 시점 '사이'를 기간이라고 하고, 두 시점의 '길이'를 동안이라고 한다. '방학 기간 동안에'라는 표현은 틀린 것이다. '방학 기간에'로 사용해야 맞다. 선배에게 지적을 받았던 기억도 생생하다. 스승으로 섬기거나 또는 스승으로 모시고 가르침을 받는 것을 '사사하다'라고 한다. 따라서 '사사받다'는 스승으로 섬기는 것을 받는다는 뜻이 되므로 제자의 입장에서 사용해서는 안 되는 표현이다.

실수가 많을 수밖에 없는 신입 아나운서 시절, 선배에게 열심히 혼나고 배우면 좋은 습관이 생긴다. 방송뿐만 아니라 평소에도 잘못된 표현이 사용하고 있는 건 아닌지, 검토하

는 습관이다. 혹시라도 헷갈리는 표현들이 있으면 미루지
말고 지금 당장 확인해보자.

# Q3
# 일하면서 받는 스트레스로는
# 어떤 것이 있을까요?

일하면서 받은 스트레스는 크게 세 가지로 추릴 수 있다. 첫째는 방송진행자로서 선호하지 않는 프로그램을 진행하는 것이다. 둘째는 나의 감정과는 상반되지만 시청자가 원하는 감정을 의도적으로 연출하는 것이다. 마지막은 함께 진행하는 파트너와의 갈등을 겪는 것이다.

아나운서라면 다양성과 전문성을 모두 갖춰야 하지만, 개인의 성향과 관심사에 따라 선호하는 프로그램이 있기 마련이다. 나와 잘 맞지 않는 프로그램을 할 때는 적잖은 스트레스를 받는다. 여러 가지 여건상 자신이 하고 싶은 방송만 할 수 없기 때문에 캐릭터 전환을 통해 다른 사람이 된 것처럼 방송할 때도 있다. 나지막하고 절제된 기행 프로그램의 내레이션을 했다가도 바로 돌변해 오락 MC를 진행해야 한다. 순간순간 감정 변화의 폭이 크다 보니, 미처 방송의 호흡에 따라가지 못하는 경우가 생겨 힘들었다.

또 정해진 약속과 원고에 익숙하다 보니 오락성이 짙은 프로그램은 어렵게 느껴졌다. 라디오 생방송처럼 연예인들과

226

함께 호흡하며 출연한 게스트들을 쥐락펴락해야 하는 경우가 그것이다. 방송 진행과 재미, 정보성 등을 완벽히 장악하고 컨트롤 해야 한다는 사실이 큰 스트레스로 다가왔다. 시사 프로그램 진행자를 했다가, 다시 기행 프로그램의 잔잔한 낭독을 했다가, 또다시 감춰진 끼를 선보이면서 오락프로그램을 진행한다. 이 모든 게 하루 동안 벌어지는데 여기에 갑자기 기상재해가 생기면 고단한 몸을 이끌고 수해지역으로 향해야 한다.

초반에는 개인적으로 힘든 일이 있거나 좋지 않은 일이 있을 때도 감정을 전부 숨겨야 한다는 점도 힘들었다. 개인사와 상관없이 늘 웃고 유쾌하게 방송을 해야 했고, 요구되는 감정을 의도적으로 연출해야 할 일도 많았다. 감정부조화로 인한 스트레스는 평소 마인드 컨트롤이나 명상을 통한 수양 없이는 견디기 힘든 직무 스트레스였다. 아나운서도 '감정노동 직업인'으로 분류되어 관련 교육이나 상담을 받을 수 있으면 좋겠다는 생각도 든다.

매일 똑같은 시간에 가장 밀접하게, 가까이서 마주해야 하는 파트너 진행자와 갈등이 있을 때는 너무나도 힘들다. 예민한 시청취자들은 진행자들 사이의 냉랭한 기류를 눈치챌 수 있다. 완벽하게 감출 수 없기 때문에 나는 가능한 좋은 관계를 유지하려고 노력한다. 하지만 내 의지와 상관없이 가치관이 전혀 맞지 않고 무례한 파트너들도 맞닥뜨리기 마련이다. 업무적인 관계에서 오는 염증을 잘 다스리는 것도 일에 필요한 능력 중 하나다.

한창 스트레스에 '시달리던' 시절에는 신체적 증상이 뚜렷이 나타났다. 두통은 물론이고, 피로감이 쉬이 가시질 않았고, 가슴이 답답했다. 어지럼증이나 식은땀도 많이 났다. 정신건강도 온전치 않았는지, 불면증이 만성이 됐다. 짜증을 쉽게 냈고 신경과민증상도 보였다. 전에 없던 산만함에, 안절부절하거나 갑자기 눈물을 흘리는 등 불안정한 상태가 지속되기도 했다. 이러한 증상들이 나타난다면 스트레스를 반드시 해소해야 한다.

스트레스 해소에 가장 좋은 건 운동이다. 무조건 몸을 힘들게 하는 운동이 아니라 본인이 취미로도 할 수 있는 '즐거운' 운동을 찾아보라고 권한다. 예를 들면 스포츠 댄스나 테니스, 발레 등 행복 호르몬을 느낄 수 있고 긍정적인 기분을 느낄 수 있도록 몸을 '움직이는' 것이다. 조깅, 가벼운 걷기, 요가도 추천한다. 나는 개인적으로 명상을 즐기는 편이다. 호흡을 가다듬는 명상으로 때로 무대 위에서 지나치게 긴장해 경직된 몸과 마음을 이완하는데 많이 도움받았다.

격의 없이 편안한 동료나 친구들과 만남도 좋다. 가끔 누군가에게 자신의 경험담을 토로하며 감정을 다스리는 것도 스트레스 해소에 아주 효과적이다. 각자의 방식이 있겠지만 스트레스 관리는 우리의 행복과 직결되는 부분인 만큼 꼭 신경 쓰기 바란다.

# Q4
# 매일 대중 앞에 서는 게
# 부담스럽진 않나요?

어떤 사람은 사람에게서 에너지를 얻고, 누군가는 빼앗긴다. 아나운서는 대부분 전자에 속한다. 거의 모두라 해도 과언이 아닐 것이다. 대중의 날이 선 평가와 잣대가 부담스럽긴 하나, 그보다 앞선 그들이 보내는 애정보다 크지 않다. 대중의 사랑을 받는 만큼, 소수가 보내는 따가운 시선 역시 긍정적으로 해석하고 받아들여야 한다.

카메라 앞에서 보이지 않는 시청자들과 마주할 때도, 라디오를 통해서 실시간 청취자의 반응을 문자나 전화로 경험할 때도, 무대 위에서 적나라하게 관객들의 관심과 시선을 받으며 대면할 때도 아나운서는 대중과 함께한다. 아나운서도 사람이기 때문에 때로는 대중 앞에 서는 설렘보다 두려움이 커져 그 감정에 압도당하는 경우가 있다. 이를 극복하기 위한 노력을 해야 하는데 경험만큼 그 자리를 익숙해지게 만드는 것도 없다. 경험을 쌓는 동안 스스로 거짓이 없어야 하고, 자타의 기대에 부응하기 위해 너무 앞서가지도 않아야 한다. 대중을 향한 지나친 욕심과 기대는 긴장 상태를 초래할 수 있기 때문이다.

방송이나 행사에는 주어진 원고가 있다. 하지만 방송은 어디로 튈지 모르는 공처럼 곳곳마다 위험요소가 자리한다. 그 순간 발휘되는 센스와 순발력은 대중들에게 평가받는다. 얼마 전 나는 부여의 큰 행사 '부여 연꽃 축제'에서 국악단을 소개하는 프로그램의 진행을 맡았다. 앞선 순서에서 메인 방송진행자가 예상보다 일찍 시작하는 바람에 긴 시간을 애드리브로 메워야 했던 순간이었다. 앞에 있는 관객과 즉흥 인터뷰도 하고 풍경 스케치도 하면서 다행히 자연스럽게 그 시간을 이어갈 수 있었다.

시간은 돈보다 귀하다. 대중은 개인 시간을 내어 TV를 보고 라디오를 듣는다. 야외 현장에서는 그보다 많은 시간을 들여 관객석을 채운다. 돈보다 시간이 귀하고, 시간보다 귀히 여길 게 있다면 대중이다. 대중이 있어 아나운서가 존재하고 성장할 수 있다. 대중과 함께 어우러지겠다는 마음가짐이라면 대중은 두려운 존재가 아니다. 함께 어제를 기억하고, 오늘을 달리며, 내일을 기대하는 동료이자 지기처럼 다가올 것이다.

# 대중의 피드백에
# 상처받았던 적은 없나요?

교통방송국에서 데일리 라디오를 진행했을 때 일이다. 문자로 마침 교통상황에 대한 제보가 들어왔다. 교통제보는 신속 정확한 안내가 생명이다. 그런데 바쁜 마음에 확인 없이 그대로 전달했다가 사실이 아니어서 엄청난 곤욕을 치렀다. 그 이후로는 아무리 생방송이고 바쁜 상황이라 하더라도 반드시 크로스체크를 거친다.

라디오 보다 대중들의 시선이 더 날카롭게 느껴지는 곳은 TV다. 아무래도 시각적인 자극이 더해지면 대중에게 더 많이 노출되고, 더 다양한 의견이 쏟아진다. 한번은 프로그램에 어울리지 않는 액세서리를 착용했다고 항의가 들어왔다. 단 한 분의 의견이었지만, 소수라고 해서 그 의견을 무시해선 안 된다. 직접적 적극적으로 항의 표현하는 사람이 한 사람인 것이다. 일단 표현이 되었다면, 비슷하게 느낀 사람은 수십 명이다.

불특정 다수를 상대로 한 방송은 정말 수많은 피드백이 쏟아진다. 긍정적인 피드백은 힘이 되지만 부정적인 피드백으로 맥없이 무너지는 일도 있다. 나의 실수로 인한 피드백은 겸허히 받아들이고 자신을 개선하고 발전시키는 매로 받아들인다. 물론, 지극히 개인적 선호도와 취향으로 평가될 때는 기분이 썩 좋지 않고 괜히 위축되기도 한다.

위축은 기실 자신감으로 방송을 리드해야 하는 아나운서에게 치명적이다. 나의 경우는 이러한 위축감이나 받은 상처가 방송에 영향을 미치지 않도록 스스로 마인드컨트롤을 하며 노력한다. 개선해야 하는 객관적 사실만을 받아들이고 감정적인 부분에 대한 것들은 스스로 과감히 도려내려고 노력해야 한다.

이럴 때 동료들의 격려가 빛을 발하는 것 같다. 힘들 때는 자신의 상처에 갇히지 말고 같은 경험을 가진 이들을 찾아가야 한다. 선배, 동기, 후배들과 술 한잔, 차 한잔하며 위로받고 털어내길 바란다.

# 2   아나운서의 현재

수도권 외 지역에 위치한 지상파 방송사의 교통캐스터 면접이 있는 날이었다. 전국 각 지역에서 일찍부터 출발해 대전에서 만난 제자들을 면접장으로 올려보내고 나니 나도 그제야 긴장이 풀렸다. TV가 아닌 라디오 캐스터를 뽑는 자리임에도 메이크업에 의상까지 갖춰 입고 온 제자들 얼굴엔 긴장감이 역력했다. 그 간절함을 모르지 않기에, 짠한 마음이 들었다.

1년 계약직을 뽑는 자리였다. 90년대만 해도 정규직이 대다수였다면, 이제는 점점 계약직이나 프리랜서를 많이 뽑는다. 프리랜서의 경우, 경력과 조건에 따라 대우가 많이 다른 편이다. 이제 막 발을 들이는 지망생은 안정적인 급여를 받을 수 있는 계약직을 선호해 경쟁률이 치열하다. 물론 다양한 프로그램으로 경력을 쌓고, 일정을 유연하게 관리할 수 있는 프리랜서를 선호하는 아나운서도 있다. 그러나 만족할 만한 수입을 얻기까지 짧지 않은 기간 경제적 어려움이 따른다. 나이에서 자유롭기 어려운 직업이다 보니 많은 지망생이 고정 급여를 받을 수 있는 직장을 선호한다.

얼마 전 제자에게 연락이 왔다. 현재 원격근무로 일하고 있다고 근황을 전해왔다. 모 구청 산하의 사내방송국이었는데, 일주일에 2번 정도 구정 뉴스에 대한 원고를 이메일을 통해 받아서 녹음본이나 녹화본으로 보낸다는 것이다. 정규직, 계약직, 프리랜서에 이어 새롭게 등장한 근무형태다. 근무지역에 얽매여야 하는 이전 고용과 달리, 거처가 어디든 상관없었다. 원격근무는 녹음 형태로 납품을 하거나 직접 촬영해 녹화본을 보내면 본사에서 편집과정을 거쳐 송출한다. 현재 홈쇼핑이나 대형 온라인 마켓에서 소비자들에게 제공하고 있는 라이브 커머스의 경우, 납품 또는 마감기한조차 없다. 이들은 집에 방송 장비를 갖춰놓고 직접 현장에서 방송을 송출한다.

고용형태는 빠른 속도로 다양해지고 있다. 일 년 중 특정 시즌에만 방영되는 스포츠 프로그램이 그중 하나다. 계약할 때 시즌이 아닐 때는 할 수 있는 다른 프로그램을 조건으로 걸기도 한다. 요즘 아나운서 지망생들은 이런 고용형태에 대한 두려움을 갖고 있다. 직업에 대한 선망이나 수요가 많이 줄어드는 데 일조했을 것이다. 그러나 그만큼 진입장벽이 낮아지면서 개인의 역량에 따라 얼마든지 성장할 수 있는 여건으로 바뀐 건 분명하다. 고용형태에 따른 불안정성은 때론 누군가에게는 큰 기회가 되고, 도태되는 이에게는 가르침을 준다.

예전에는 그저 'TV에 나오는 아나운서가 멋있다', 또는
'사회에 큰 영향력을 줄 수 있다'는 등의 구체적이지 않은
청사진만을 갖고 막연하게 이곳에 뛰어들었다. 하지만 현
재는 시작부터 제대로 된 그린 밑그림을 그려야 아나운서
로서 일할 수 있다. 아나운서라는 직업 자체가보다 확장된
것이다. 동경이나 선망이 사라진 자리에 현실적인 대안이
들어섰다. 그럼에도 불구하고 아나운서는 매력적인 비주
얼과 음성을 갖추고 지성을 갖춘 직업인으로 신뢰받는다.
아직은 대중이 아나운서를 전문직으로 인정해, 다른 직업
군에 비해 평균 경쟁률이 월등히 높은 편이다.

얼마 전, 지인과 우리가 처음 만난 날을 회상하며 얘길 나
눴다. "그거 알아? 첫인상만으로 아나운서인지 단번에 알
아보겠더라고! 은연중에 드러나더라니까? 다른 사람에게
얼마나 매력적으로 비칠 수 있는지를 아는 거야. 몸에 밴
거지. 몸가짐이나, 말투까지." 편한 사이라 가볍게 웃었으
나, 부정할 수 없는 말이었다. 지인의 말처럼 나는 내 직업
에 대한 자부심이 크다. 이런 자부심은 직업적으로 인정받
은 후에 갖는 것이 아니다. 곧게 편 두 어깨와 자신감 넘치
는 인사에서 시작되는 것이다. 그러니 지금부터 갖고 가길
바란다! 아나운서로서 자부심을 말이다.

# Q1
## 일하면서 가장 보람된 것은 무엇인가요?

삼사에 합격했던 어느 아나운서가 한 토크쇼에서 공개한 유명 일화가 있다. 그가 학원에 다니던 시절 얘기다. 하루는 포장마차에서 떡볶이를 먹는데, 앞에서 어묵 꼬치를 끼우는 아주머니께서 계속 피식피식 웃으셨다고 한다. 왜 그런가 살폈더니, 포장마차 한쪽에 마련된 작은 TV 화면 때문이었다. 고단한 일상 속 누군가의 피로를 풀어줄 수 있는 작은 존재가 되고 싶었다는 그의 말에 많은 아나운서 지망생들도 공감했다. 면접장에서 만난 지망생이 하는 이야기는 거의 비슷하다. 사람들에게 올바른 정보를 전달하는 사람이 되고 싶다든가, 방송을 통해 일상 속 작은 행복을 선물하는 이가 되고 싶다는 것이다. 어떻게 보면 막연하고 추상적이지만, 그것은 아나운서들의 소명이고 꿈이며 자신과의 약속이다.

아나운서로서 활동하기 시작하면 다수의 사람과 매체를 통해 소통하게 된다. 긍정적인 에너지의 교류, 누군가에게 즐거움을 전할 때 느낄 수 있는 강한 만족감, 매번 새로운 환경과 사람들과 일하며 얻게 되는 흥미롭고 다양한 환경과 자극을 통한 성장… 다양한 경험을 하는 사이 나도 모르게 막연하고 추상적이었던 소명의식들이 점점 구체적이고 단단해진다. 성취감과 만족감에서 그치는 게 아니다. 시청취자들과의 소통은 아나운서를 더 성장하게 하기도 한다. 이외에도 얻을 수 있는 것들은 아주 많다.

몇 년 전에 있던 일이다. 당시 몸담고 있던 방송사 입구에 수많은 취재진이 진을 치고 있었다. 그 가운데 낯익은 얼굴이 보였다. 동료 아나운서와 피디였다. 심야 프로그램을 담당한 팀이었다. 그날도 청취자들의 문자를 살피는데, 심상치 않은 문자 하나가 눈에 들어왔다고 한다. 그는 사연 말미에 Bee Gees의 Holiday를 신청했는데 피디와 진행자는 정황상 극단적 선택을 하는 건 아닐까 의심이 들었다고 한다. 문자 소개하는 것을 잠시 미뤄두고, 문자를 주고받으며 시간을 끌었다. 신청곡을 잠시 후 틀어주겠다는 약속도 잊지 않았다. 그 사이 경찰에 신고했다. 그리고 방송이 끝나기 전, 충남 부여에서 의식을 잃은 청취자를 발견해 목숨을 구했다. 얼마 후, 그 청취자로부터 연락이 도착했다. 다시 살아갈 수 있게 해주어 감사하다는 인사와 함께 '세상이 참 아름답다'라는 내용의 안부를 전한 것이다. 모든 이가 경험할 수 없는 드문 사례지만, 아나운서들에게는 세상에 알려지지 않은 이야기가 더 많다.

요즘도 난 얼굴 한 번 본 적 없는 많은 분께 과분할 정도의 선물을 받고 있다. 인생에 손꼽을 만한 대단한 사건이 아니더라도, 일상에서 얻는 게 너무나 많다. 한 청취자는 사람과 일에 지쳐 무작정 해남으로 떠났는데, 얻은 게 외로움뿐이라며 라디오에 사연을 보내왔다. 그렇게 인연을 맺은 청취자는 내 목소리와 전달받은 음악에서 위안과 희망을 얻었다며, 직접 캔 고구마를 보내주셨다. 계절이 바뀌면 제철 특산품들이 도착한다. 너무나 귀하고 감사하고 과분한 선물이다. 그 마음들을 전달받을 때마다 가슴속에 무언가 차오른다. 더 잘 해내야겠다는 나와의 약속으로, 직업적인 보람으로, 자부심으로 그리고 무한의 감사함으로.

매주 토요일은 국악단 상설공연 스케줄이 있다. 최근 무대에 올랐을 때 관객 한 분 한 분과 눈을 맞추며 말씀드렸다. "공연이 지닌 가장 강력하고 특별한 매력은, 많은 사람을 한 자리에 모으고 공통된 정서를 함께 느끼게 하는 힘입니다. 오늘 찾아주신 모든 분께서 공감하겠지만 그동안 코로나로 인해, 또 일상을 지배한 스마트폰 때문에, 같이 무언가를 하는 시간이 줄었잖아요. 오늘 이런 자리를 통해 함께 같은 곳을 바라보고 공감하면서 서로의 관계를 더욱 돈독하게 쌓아가셨으면 좋겠습니다. 일상 속에 찾은 여러분의 즐거운 추억에, 제가 조금이나마 도움이 됐다는 것이 영광입니다."

오늘 무대에서 전한 이 멘트는 대본에 없었다. 그 순간, 관

객들과의 눈빛을 나누고 교감하는 과정에서 절로 나온 말
이었다. 관객들의 '오늘'에 진행자라는 단역을 제대로 소
화했다면 그걸로 충분하다. 내게는 더없이 소중한 순간이
고, 의미 있는 시간이다.

# Q2
# 쉽게 말할 수 없는
# 고충이 있을까요?

얼마 전, 와인을 마시다 들고 있던 잔을 놓칠 뻔했다. 내 앞에 텅 비어버린 병을 보고 놀랐기 때문이다. 처음에 반 잔으로 시작한 와인은 점점 병을 비우는 속도가 빨라졌다. 불면증은 나를 비롯한 주변 아나운서들이 모두 가지고 있는 직업병이다. 반신욕도 해보고 알코올의 힘을 빌려 이완 상태를 회복해보려 했다. 연차가 쌓이면 좀 더 나아지고, 돌파구가 있을 줄 알았는데, 그런 건 없었다.

순간 바이올린의 날카로운 음 하나가 귀를 파고들었다. 현악기는 연주를 안 할 때는 줄을 느슨하게 풀어놓는다. 그리고 연주하기 전에 늘 조였다 풀었다 조절하는 과정을 거친다. 그날의 습도, 무대 환경, 연주자의 감정에 따라 만족할 만한 악기를 만드는 것이다. 그러나 아나운서는 직업 특성상 줄을 절대 느슨하게 둘 수 없다. 긴장감을 절대 놓아선 안 된다. 직업 특성상 급격하게 폭발하는 도파민 때문인지 몰라도 각성 상태가 계속 유지된다. 아나운서라는 직함을 내려두지 않는 이상, 숙명이다. 특히나 알코올의 힘을 빌리는 건 무모한 짓이다. 자기관리에 그것만큼 나쁜

습관도 없다. 요즘은 스트레칭이나 명상을 통해 예민해질 대로 예민해진 신경을 느슨하게 해보려고 노력 중이다.

연극에는 '멀티맨'이 있다. 1인다역으로 많게는 혼자 20인이 넘는 역할을 맡는다. 다역을 모두 다른 모습으로 소화해야 한다. 연극의 감초이자, 없어서 안 될 주요 등장인물이다. 보통사람은 일상도 다르지 않다. 역할에 따라 엄마로, 아내로, 딸로서, 직장 동료로, 그밖에 수많은 역할을 해내며 산다. 어느 역할 하나도 놓칠 수가 없다. 그러나 아나운서는 다르다. 일상에도 스케줄이 우선이고, 명절이나 휴일에는 더 많은 파일럿 프로그램과 특집이 편성되기 때문에 꼼짝없이 발목이 묶인다.

일례로 교통방송에 몸담은 시절에는 명절과 휴일에도 스케줄이 가득 찼다. 생방송, 그것도 특집으로 기획됐다. 아나운서들이 으레 그렇듯이 명절 연휴에 가족을 만나 담소를 나누거나 여행을 가는 건 불가능했다. 생방송을 마친 늦은 오후에 식당에 가면 브레이크 타임 안내를 보고 돌아서야 했다. 온전한 나만의 시간이 절대적으로 부족하다는 뜻이다. 멀티맨으로 살아갈 수가 없었다. 아나운서 역을 제대로 소화하려면 엄마인 나는, 아내, 딸, 며느리인 나의 역할은 뒤로 밀리게 됐다. 저녁 방송을 진행했을 때는 가족, 친구, 지인들과 함께 하는 느긋한 저녁 식사 자리가 부러웠다. 아이의 숙제를 봐주고, 퇴근하는 남편을 마중하는 그 일상 말이다. 반대로 오전 뉴스를 진행했을 때는 혹시나 정해진 시간이 일어나지 못하는 건 아닌가 걱정이 돼, 알람시계를 머리맡은 물론이고 집안 곳곳에 두었다. 가뜩이나 불면증으로 쉬이 잠들지 못하는데 스케줄로 인한 예민함이 더해져 한 번도 푹 자본 적이 없었다.

그 밖의 가장 큰 고충은 다른 사람 앞에서 평소 언행과 태도에 신중하고 주의해야 한다는 점이다. 그 어떤 직업군보다 얼굴이나 개인 정보가 많이 노출돼 있어, 낯선 사람들 앞에서도 긴장을 놓을 수 없다. 인간관계 부분에서도 최대한 갈등상황을 피해야 한다. 나는 그 사람을 모르지만, 그 사람은 나를 알 수도 있으니 농담 한마디에도 많은 신경을 써야 한다. 피곤하고 괴로운 일이 아닐 수 없다. 앞서 청취자들과 관객들에게 많은 긍정적인 에너지를 얻는 좋은 사례도 소개했지만, 반대인 경우도 많다. 생각보다 아나운서들은 낯선 이로부터 당혹스러운 일을 종종 겪는다. 일례로 일면식도 없는 사람이 나를 굉장히 잘 아는 것처럼 얘기하곤 다닌 적이 있다. 알아보니, 매일 같이 나의 SNS를 탐독해 사적이고 지극히 개인적인 일상을 잘 아는 것처럼 둘러 댄 것이다. 친한 선배와 편안한 술자리인 줄 알고 나간 자리에 우연히 선배 지인이 합석하게 됐는데, 아나운서를 신기한 연예인 취급해 불쾌한 적도 한두 번이 아니다.

무엇보다 아나운서는 끊임없이 피드백을 받는다. 어쩔 수 없이 익숙해져야 하는 부분임에도 비판에 민감한 성격을 가진 후배 아나운서들은 이 점은 가장 어려워했다. 기본적으로 아나운서는 프로그램에 섭외가 되는, 수동적인 입장이다. 그렇기에 내부평가에 예민해질 수밖에 없다. 게다가 대중의 주목을 받다 보니 외부평가 또한 중요하다. 그러나 불특정 다수의 정제되지 않은 비판 아닌 비난을 받을 수도 있다. 밑도 끝도 없이 무례하고 공격적인 피드백에 상처받을지도 모른다. 직장 내·외부에서 동시에 피드백을 받는다는 것은 생각보다 힘든 일이다. 이에 적절한 대응을 하려면 생각보다 훨씬 강한 정신력이 필요하다. 정신적인 충격을 모르는 척 방관하기보다는, 수용할 것과 걸러낼 것을 가려낼 수 있도록 자신만의 필터를 만드는 것을 추천한다. 좋든 나쁘든 비난과 비판이 따라온다는 것은 나만의 브랜드가 대중에게 각인됐다는 것을 증명하는 것이기도 하기 때문이다. 비판은 그 자체로 긍정적인 피드백이 될 수 있다. 오히려 피드백이 아예 없는 것을 더 걱정해야 한다.

## Q3
# 아나운서로 일하면서
# 좋은 점은 무엇인가요?

단순하지만 솔직하게, 일이 재밌다. 현직 아나운서들은 그 어떤 직업보다 꿈을 이룬 사람들이 많다. 대부분 이 일이 '하고 싶고 즐겁기 때문에' 선택한 것이다. 마이크를 한 번 잡아본 사람들은 안다. 쓰러지는 한이 있더라도 방송에서, 또는 무대 위에서 쓰러지고 싶다고 말한다. 매일 같은 시각, 매번 같은 프로그램을 진행하더라도 매 순간 다른 장면이 펼쳐진다. ON AIR 불이 들어오기 직전, 기분 좋은 두근거림은 설렘 그 자체다. 생방송이든 녹화방송이든, 미리 짜인 구성과 대본이 있다 하더라도 방송은 언제나 불확실하다.

그날 진행자와 게스트와 제작진의 컨디션에 따라, 구성이나 주제에 따라, 사회적 현안은 물론이고 작게는 날씨에 따라서도 수시로 변하는 게 방송이다. 그것은 호기심과 흥미를 자극한다. 단순히 반복되는 똑같은 작업은 애초 본인이 가졌던 열정을 식어가게 할 수 있지만 방송은 그렇지 않다. 작은 불씨도 활활 타오르게 하고 자주 경로를 이탈한다. 나만의 개성과 스타일을 고집하고 키워나가는 것과

동시에 성취감을 느낄 수 있다. 프로그램을 통해 다수의 공감을 이끌어 내고 그를 통해 희열을 느낀다는 점에서는 아티스트와도 결을 같이 한다.

라디오는 매일 청취자와 소통하며 일상의 소소한 즐거움을 깨달아가는 재미가 있다. 가수들과 함께 담소를 나누며 그들의 라이브를 듣는 시간은 특별한 즐거움도 가져다주었다. 맛집 탐방 프로그램을 진행할 때는 전국 곳곳의 다양한 명소와 맛집을 체험하는 특권도 누렸다. 각계각층의 국내 명사들을 초청하는 초대석을 통해서는 많은 영감과 배움을 얻었다. 극본 없는 드라마! 스포츠 방송은 일상에 생동감 넘치는 활력을 주었다. 관중들과 근거리에서 호흡하며 음악회는 수려한 경관을 배경으로 더없이 아름다운 음악과 함께 늘 좋은 추억을 선물해주었다.

일하는 것이 곧 아무나 가질 수 없는 특별한 기회로 연결된다. 각계각층 전문가들과 긍정적인 영향을 주고받으며 내면을 다지고 키워나가는 데 큰 도움이 된다. 그것은 업무적인 성장으로 이어진다. 다양한 사람들과 소통하며 연결될 기회가 많은 만큼, 타인과의 상호작용 속에서 긍정적인 영향을 주고받기도 한다. 흥미로운 작업환경 속에서 일의 즐거움은 배가되며, 꾸준한 이미지 브랜딩을 통해 스스로를 안팎으로 관리할 수 있다.

# 가장 힘들고 어려운 점은
# 무엇인가요?

불안정한 고용형태를 가장 큰 단점으로 들 수 있겠다. 일부 공채로 뽑는 아나운서를 제외하면 대다수가 프리랜서나 계약직으로 일한다. OTT 서비스가 등장하고, 채널이 많아지면서 지상파 방송국 예산이 예전 같지 않다. 정규직 형태의 공채도 현저히 줄었다. 좁은 문에 비해 여전히 많은 지망생이 있어, 공채가 뜨면 경쟁률이 평균 1500대에서 3000대 1에 달한다. 방송사에서는 신입보다 경력을 선호하기에, 경험 없는 아나운서 지망생들은 경쟁률을 높이는 데서 그치기 일쑤다. 화려한 직종에 속해, 의상부터 메이크업 등 일하는 데 전반적으로 필수로 드는 경비가 적지 않다. 그에 반해, 대중이 생각하는 것만큼 연봉도 높지 않다.

모순되는 말이지만, 많은 아나운서 지망생들은 원하는 방송사의 신입이 되기 위해 다른 곳에서 경력을 쌓는다. 본인의 거주지를 벗어나 먼 타지에서, 작은 일부터 시작한다. 생활비는 턱없이 부족하다. 이동 거리로 인한 시간 또한 만만치 않게 들여야 한다. 종종 방송사에서 아카데미 측으로 추천채용 의뢰가 들어오곤 한다. 회당 출연료가 너무 적어 해당 소재지에 근무하는 아나운서 지망생들을 추천해 달라고 한다. 하지만 막상 뽑고 나서 실제 거주지를 확인해보면 다른 지역에서 온 친구들인 경우가 많다. 적은 임금이지만 경력을 쌓기 위해 거주지를 바꾸면서까지 지원한 것이다. 본인의 거주지를 벗어나 먼 타지에서 근근한 생활비로 버티는 것에도 주저함이 없다.

현재 전주의 한 방송사에서 근무하는 제자는 서울이 고향이다. 서천에서 경력을 쌓기 시작했고, 매주 세 번씩 대전에서 아카데미를 운영하는 내게 뉴스 진행 코칭을 받기 위해 왕복 세 시간 거리를 이동한다. 나 역시 경력을 쌓기 위해 전국을 돌아다녔다. 리포터로 활약할 당시, 생방송 전날 해당 지역 모텔에서 쪽잠을 잤다. 강원도에 한 방송사에서 근무했을 때는 회식 자리에서 술기운에 고단함을 호소하며 운 적도 있었다. 그만큼 어린 마음에 이 생활이 고단했던 것이 아닐까 싶다.

불안정한 근무형태에 이어 단점을 하나 더 든다면, 품위유지비에 대한 부담감을 들겠다. 공채로 방송사에 입사한 아나운서는 회사 측에서 메이크업과 의상을 지원받는다. 그러나 프리랜서는 방송에 관한 하나부터 열까지 본인이 준비해야 한다. 메이크업은 적어도 십만 원에서 십오만 원이 든다. 여자 아나운서의 경우는 정말 수입 대비 지출이 매우 큰 셈이다. 의상비도 만만치 않다. 의상을 대여하는 경

우도 많은데 지망생들의 이야기를 들어보면 의상 대여비
가 무려 20만원 정도라 차라리 구입하는 것이 나을 정도
로 만만치 않다.

내 경우도 의상비를 아끼기 위해 단골 의상집을 정해놓았
다. 똑같은 천으로 색만 다른 자켓을 여러 벌 만들고 원피
스 하나에 자켓을 돌려가며 입곤 했다. 폐업하는 옷집이
생기면 한 벌의 의상이라도 건지기 위해 부리나케 달려간
다. 실은 어제도 이러한 신입 아나운서들의 사정을 잘 알
고 있는 친한 작가님이 의상 대여샵을 하는 지인분에게서
정리된 의상을 넘겨받아 사무실로 보내주셨다. 큰 박스 하
나에 꽉꽉 채워진 양이었다. 어찌나 감사하던지 연신 감사
하다는 인사를 전했다. 경력이 차고 운신의 폭이 커지면
자연스레 경제적인 부분에 있어 사정이 좋아지지만, 일정
수준에 도달하기까지는 생활이 힘들다.

앞서 말한 것처럼, 경제적인 어려움 외에도 아나운서들은
늘 대중의 시선에 노출되어 있다는 특성이 있다. 시청자와
전문가들로부터 비판과 평가의 대상이 될 수 있다. 예전
에 같이 근무하던 기상캐스터 선배가 아침방송에서 유독
달랑거리는 큰 진주 귀걸이를 착용하고 방송을 했는데, 한
아주머니가 방송국까지 찾아와서 행패를 부려 충격을 받
은 적이 있다. 아침부터 그 모습이 보기 싫었다는 것이다.
라디오에서 혹여라도 잘못된 발언을 했을 때 청취자들의

항의로 문자창이 도배되는 아찔한 경험을 할 수도 있다.

또, 아나운서들은 특정 시점 이후의 경력 성장 기회가 제한적일 수 있다. 아무래도 화면에 노출되는 아나운서의 경우는 외적인 이미지에 자유로울 수 없다. 나이가 들면서 맡을 수 있는 프로그램이 자연스럽게 제한되는 것이다. 내가 하고 싶은 프로그램과 할 수 있는 프로그램 그리고 주어진 프로그램 사이에서 오는 괴리감 속에서 상대적 박탈감을 느끼기도 한다. 특정 시점 이후의 경력 성장 기회가 제한적일 수 있기에 아나운서는 끊임없는 노력과 인내를 토대로 자신만의 경쟁력을 확보해야 한다.

# 3 아나운서의 미래

내가 어릴 때까지만 해도 '평생직업'이란 말이 통했다. 우리 부모님들은 보통 십 년, 이십 년씩 한 직장에 다니셨다. 그러나 요즘은 그런 직장이 없다. 평생 한 곳에 몸담고 일하려는 사람도 없다. 시대가 달라졌고, 사람도 따라 변했다. 2000년대 후반, 아나운서 프리 선언이 많아진 것도 비슷한 예다. 우리가 흔히 잘 아는, 명망 있는 아나운서는 방송국 간판 그 자체였는데 최근에는 간판이 수시로 바뀐다. 그중엔 돈을 좇는 사람도 물론 있겠지만, 대다수는 갈증이다. 하고 싶은 일을 하고자 하는 목마름 때문에 프리 선언이 많아졌다. 그리고 그것은 아나운서의 길을 좀 더 넓히는 결과를 가져왔다. 선배들의 도전이 미래에 이름 모를 후배들을 위한 것이 아니었음에도 말이다.

'여자 아나운서'가 맞을 수 있는 성장의 끝이 결혼이었던 때도 있었다. 시대가 여성을 유리천장에 가두자, 그에 맞서 부딪히다가 그러한 선택을 '당한' 것이다. 그 선택이 좋은지 나쁜지, 또 최선인지 아닌지를 떠나 당대의 현실과 분위기가 그랬다. 하지만 요즘은 수평적인 성장을 토대로 발전해 더 넓은 시장을 갖게 됐다. 시대가 확실히 변했음을 느낀다. 1인 미디어 시대가 열린 뒤로는 아나운서들도 방송국에 '뼈를 묻지' 않는다.

예전의 아나운서들은 미디어와 언론에 비친 화려함을 보고 불나방처럼 덤벼들었다. 지금은 다르다. 투자한 시간 대비 얼마 만에 이 직업에 가까워지고, 얼마큼 직업적으로 성장할 수 있으며, 또 노력한 만큼 얼마나 벌 수 있는지를 따져 묻는다. 휴가를 갈 수 있는지, 쉬는 날은 어떻게 되는지, 근무환경과 조건을 꼼꼼하게 따진다. 막연한 꿈 하나만을 들고 찾아오는 사람도 있지만, 그보다 훨씬 많은 이들이 사전조사가 되어있다.

다만, 해결해야 할 숙제도 있다. 시청자들을 끌어당기는 인기 콘텐츠가 빠르게 변화하고 소비되는 만큼 이미지가 중요한 아나운서의 그것 또한 빠르게 소모된다. 시청자들은 더 빨리 새로운 얼굴, 새 목소리를 찾는다. 발맞춰 성장하지 않으면 도태된다. 변화에 민감하고 기민하게 움직여야 한다. 이것이 아나운서들이 갖게 된 드넓은 시장이고, 동시에 떠안게 된 숙제다.

솔직한 말로 방송은 밥그릇 전쟁이 치열한 곳이다. 90년대까지만 해도 진행자는 진행자, 아나운서는 아나운서, 배우는 배우, 가수는 가수였다. 그런데 언젠가부터 여러 직업을 구분하던 경계선과 울타리가 사라졌다. 우리는 아나운서는 물론, 프로듀서가 될 수도 있고, 노래를 할 수도, 혹은 작가에게 대본을 받게 될 수도 있다. 까메오가 아닌, 전문배우로 말이다. 어쩌면 아나운서보다는 엔터테이너라는 말이 더 어울리겠다. 실제로 아나운서 지망생 중에는 처음부터 그 길을 염두에 두고 이쪽에 발을 담그는 경우가 있다. 그러나 어디까지나 소수의 이야기다. 이것은 준비된 자들의 매력적인 시나리오다!

어떤 직업이든 미래는 불투명하고 어둡다. 불투명한 창과 닫힌 커튼을 열고 어둠을 환히 밝힐 달빛을 내 쪽으로 끌어오는 건 본인의 몫이다. 더 이상 아나운서를 뽑지 않는다는 기사가 심심치 않게 나오고, 정규직 채용 또한 예전만 못한 게 현실이다. 그러나 아나운서는 오히려 과거보다 넓은 바다를 갖게 됐다. 원한다면, 이제 배를 띄우고 노를 젓는 일만 남았다.

# Q1
## 아나운서로서 나아갈 수 있는
## 또 다른 진로가 있나요?

다른 직업군들도 모두 한번은 부딪히게 되는 주요 기로가 결혼과 양육이다. 길고 긴 인생에 있어 아나운서로만 살 수는 없다. 나는 방송국에서 지금의 남편을 만나 결혼을 하고 임신 6개월 째에 퇴사했다. 시간이 부족해 끼니를 거르며 일했던 때와 달리, 퇴사 후에는 나에게 시간만 넘쳤다. 하루만 쉬고 싶다는 기도가 이루어졌는데 기쁨 대신 눈물 섞인 서러움이 왈칵 쏟아졌다. 아나운서로서의 삶은 더 이어갈 수 없는 걸까. 막연한 두려움과 해일처럼 밀려오는 무력감에 힘들었다. 불안증 덕분에 다시 복귀하는 데까지 딱 100일이 걸렸다. 하지만 아나운서에게 100일의 휴식기는 길다면 긴 공백이다. 나는 그때 한 배우를 떠올렸다. '매튜 매커너히'다.

우리나라에서는 영화 인터스텔라의 주연 배우로 잘 알려진 '매튜 매커너히'에게도 무명 시절이 있었다. 영화로 데뷔한 지 이틀 만에 그는 메모장을 들었다. 거기에 인생 목표 열 가지를 적어 내려갔다. 그중엔 '아빠 되기'도 있었고, '오스카 남우주연상'도 포함돼 있었다. 첫 영화를 촬영한 지 겨우 이틀째, 이렇다 할 필모그래피도 없었는데 말이다. 오랜 시간 할리우드 문을 두드리고 공을 들여도 그는 한동안 '로맨틱 코미디 가이'라는 수식어를 떨쳐낼 수 없었다. 좋은 작품을 만나기 위해선 시간과 인연, 그리고 돈이 필요했다. 그 시절은 그 역시 아직 생계를 걱정할 때다. 유혹은 계속됐다. 1450달러의 출연료를 얘기하는 로맨틱 코미디 영화 시나리오가 그의 앞에 또 던져졌다. 계속되는 거절은 더는 아무도 그를 찾지 않을 거라는 두려움을 안겨줬다. 하지만, 끊임없이 자기계발을 위해 노력하며 인고하고 기다렸다. 로맨틱 가이란 수식어를 벗어날 때쯤, 전혀 다른 스토리를 가진 작은 배역들이 들어왔다. 드디어 영화 〈달라스 바이어스 클럽〉을 만났고, 메모장에 적었던 '오스카 남우주연상'을 거머쥐게 된다.

흰 종이를 펼치고 나의 강점을 살려 할 수 있는 일이 무엇일까를 써 내려가기 시작했다. 그중엔 강사도 있었다. 구체화에 들어갔다. 당시 대전은 컨택센터 관련 종사자 수가 가장 많은 지역 중 하나였다. 나는 콜센터 근로자들을 대상으로 한 보이스 훈련 강사를 하면 어떨까 생각했고, 바로 실행에 옮겼다. 이력서를 들고 무작정 센터를 찾아가 인사담당자를 찾아갔었다. 지금은 막역한 사이가 됐지만, 당시 그는 배부른 임산부가 다짜고짜 찾아왔을 때 적잖이 당황했다고 한다. 그는 내부 재직자들은 자체 강사가 교육한다고 친절히 안내해주었다. 그런데 실망하며 돌아서는 나를 불러 차 한 잔을 권하며 넌지시 자격과정 하나를 함께 듣겠냐고 제안해주셨다. 내부 직원들을 위해 마련한 프레젠테이션 전문가 자격과정이었다. 스치고 마는 인연이 될 수 있었는데 먼저 손을 내밀어주셨던 당시 센터장님께 감사하다.

인생은 참 무수한 우연과 인연으로 만들어지는 한 편의 영화 같다. 내부 직원들 틈에 섞여 듣게 된 교육과정은 매우 흥미로웠고 적성에도 딱 맞았다. 아나운서 재직 시절, 사업국에서 진행했던 제안 프레젠테이션에 여러 번 참여해보았기에 자신이 있었다. 기획부터 디자인 발표, 각 섹션별 영역을 보다 전문적으로 배우며 경험했던 역량을 발전시킬 수 있을 것 같다는 생각이 들었다. 교육의 마지막 날은 시강이었다. 시강을 마친 후 자격과정을 운영했던 서울의 프레젠테이션 전문기업 대표가 대뜸 "출산이 언제세요?" 물어오셨다. "저, 5월인데요." 머뭇거리며 대답하자, 뜻밖의 대답이 돌아왔다. "그럼, 출산하시고 100일 드리면 되겠습니까? 같이 일하고 싶은데 100일 뒤에 뵙기를 기대하겠습니다."라고 인사를 건넸다. 정말 출산 후 백일이 지난 즈음 대표님에게 전화가 왔다. 대표님은 내가 여의도에서 강의를 시작할 수 있도록 첫 인연이 되어주셨다. 이후 수많은 기업과 관공서에서 많은 강의를 진행했고, 강의 영역도 다각화하면서 많은 네트워킹을 통해 점차 비즈니스를 확장해나갈 수 있었다.

오리지널 펑션original funtion 은 본래 본인의 전문 기술을 말한다. 이것이 잘 구축돼 있다며 가진 것을 더 발전시켜나가며 새로운 것을 무한대로 만들어나갈 수 있다. 지금은 스마트 컨버전스 시대다. 무슨 일을 하든지 얽혀있는 분야가 다양하기 때문에 사회는 마치 웹과 같이 거미줄처럼 얽혀있다. 지금도 내가 가진 전문적 기술을 토대로 융복합해서 새로운 가치를 만들어내는 것이 무엇이 있을지를 골몰하고 고민한다. 아나운서는 기본적으로 다양한 분야에서 많은 사람을 만나는 행운아다. 다양한 분야의 사람들과 만나서 어떻게 대화하느냐에 따라서 나의 내적, 외적 성숙도는 달라진다. 모든 것에 열린 마음으로 접근하고 호기심을 갖고 자신의 전문영역과 융합해 만들어 낼 수 있다면 할 수 있는 일은 무척 다양할 것이다.

때로는 직업을 '만든다'는 생각도 해야 한다. 직업 선택의 폭을 스스로 제한하고, 이미 존재하는 직업에 어떻게 들어갈 것인가를 고민하는 것도 좋다. 아마도 이렇게 직업에 대해 생각하는 순간에도 수많은 새로운 직업이 만들어지고 있을 것이다. 다채로운 분야를 향한 호기심을 가지고 다양한 사람과 교류하면서 하고자 하는 꿈을 이룰 수 있게끔 도전했으면 좋겠다. 그 결과 나는 현재 DJ, 행사 진행자, 성우와 같이 아나운서로서 할 수 있는 연관 직업 외에도 HRD 교육 강사, 입찰 제안 프레젠터, IR 피칭 컨설턴트, 스피치 학원 원장, 대한 커뮤니케이션 협회장, 각 기관의 자문위원으로 활동하고 있다. 최근에는 ESG 경영 컨설턴트 자격과정을 공부하며 관련 강의를 기획하고 있고, 필드 경험을 살려 PCO 사업으로 사업 영역을 확장하고자 한다. 지금도 끊임없이 관련있는 부분을 연결하며 새로운 일을 만들어나가고자 노력하고 있다.

## Q2
# 뉴미디어 시대, 아나운서의 역할은
# 어떻게 변화할까요?

얼마 전, 아나운서 지망생들에게 좋아하는 아나운서가 누구냐는 질문을 던진 적이 있다. 놀라운 사실은 공중파 지상파의 메인 뉴스를 진행하는 앵커의 이름이 나올 것이라는 기대와 달리 너무나 뜻밖의 답변들이 나왔다는 것이다. 유튜브 활동으로 예능적 인기를 끌고 있는 아나운서부터 인플루언서로 활동하는 아나운서까지, 전통적인 방송 미디어 그러니까 TV나 라디오에서 찾을 수 있었던 아나운서가 아니라 디지털 미디어나 스트리밍 서비스 소셜 미디어에서 활약하고 있는 이들을 언급했다. 이러한 현상들을 통해 뉴미디어 시대 아나운서의 역할이 어떻게 변화할지 예측할 수 있었다.

이미 수년 전부터 언론인들은 뉴미디어 시대에 대응하고자 그 변화에 기민하게 반응하고 있다. 그럼에도 불구하고 이렇듯 급격하게 바뀌는 시대의 물살에 나는 글을 쓰고 있는 이 순간에도 놀랄 뿐이다. 불과 몇 년 전까지도 OTT라고는 유튜브밖에 모르던 우리가, 넘치는 OTT 플랫폼에 혀를 내두르고 있다. 이토록 변화하는 미디어가 사회 전반

의 기류를 바꾸어나갈 때 그 안에 종속된 직업을 영위해나
가는 아나운서는 더욱 민감하게 고민해야 한다.

뉴미디어 시대 아나운서의 역할은 여러 가지로 진화하고
변화할 것이다. 우선 소셜 미디어를 통한 개인 브랜딩이
강화될수록 이러한 플랫폼의 성격을 잘 활용해야 한다. 개
성 넘치는 콘텐츠로 소통 가능한 아나운서들이 대중적 인
지도를 얻으리라 판단한다. 단순 콘텐츠의 전달이 아닌 기
획자의 개념으로 업무영역이 확장될 것이다. 넓은 범위로
서 매체를 분석하고 이용하고 활용할 줄 아는 능력이 아나
운서의 경쟁력에 차이를 주게 될 것이다.

앞서 말한 바와 같이 아나운서의 전통적인 전문 기술을 베
이스로 주식 경제 코인 경제 등등 각 분야가 좀 더 세분화
될 것이다. 해당 분야의 보다 깊은 전문적 지식을 갖춘 아
나운서가 등장할 것이다. 따라서 향후 특정 분야에서 전문
성을 개발하고 그 틈새를 중심으로 개인경쟁력을 강화해
야 한다. 또, 일방적인 전달이 아닌 청중과의 교감과 소통
을 통한 관계구축에 집중하고 힘을 쏟게 될 것이다. 이런
부분은 AI와 차별화된 좀 더 사람다운 정서적인 측면의 강
점으로 작용한다고 볼 수 있다.

뉴미디어 시대의 아나운서 역할은 다면적이다. 참여, 개인
브랜딩, 다양한 기술에 대한 강조가 더 필요하다. 그러면

서도 청취자의 접촉이 더욱 직접적이기 때문에 인간적인
요소를 갖추기 위한 노력도 병행해야 한다. 양방향적 소통
을 중요시하는 특성을 감안 해 미디어 제작이나 편집 스크
립트 작성과 같은 제작 기술을 습득해 놓는 것도 좋다. 너
무도 빨리 미디어 산업이 변화하기에 업계 동향을 늘 최신
상태로 유지하고 지속적인 발전으로 변화에 발맞추어야
나아가야 한다.

# AI 아나운서에 대해서는
# 어떻게 생각하나요?

얼마 전, 김주하 아나운서가 MBN에서 뉴스를 읽어 내려가는 모습이 화면에 나왔다. 그런데 실제 그녀가 아닌, AI 아나운서인 것이 밝혀지면서 화제가 됐다. 이미 오래전부터 많은 영화나 소설에서 AI를 다루었고, 사람들에게 두려움과 공포심을 심어줬다. 찰리 채플린의 〈모던타임즈〉는 현실이 됐다. 이제 그 찰리 채플린마저 AI로 되살려 대중들에게 보여주는 시대가 도래했다. 처음에 AI의 등장을 우습게 보던 시선은 이내 겁먹은 표정으로 바뀌었다. 하지만 어느정도 우리 실생활에 익숙해지자, 지금은 상생을 찾는 분위기다.

가장 먼저 분위기를 끌어온 곳은 언제나 새로운 싹이 먼저 움트는 곳! 영세한 기업들이다. 현재 간단한 뉴스 정보만을 제공하는 프로덕션이나, 시 · 군 · 구 단위 소유의 자체 방송사에서는 AI 아나운서를 활용하는 사례가 늘고 있다. AI 아나운서는 24시간 대기가 가능하고 여러 곳에 출연할 수 있다. 외국어 방송을 비롯해 스튜디오나 방송 장비 또 함께 촬영하는 인력이 없이도 콘텐츠를 신속하게 제작하고 송출할 수 있다. 따라서 비용 절감 부분에 큰 강점이 있고 실제로도 많은 관심을 받고 있다. 지치지 않는 아나운서이면서 하루 24시간 언제든지 방송에 투입할 수 있고 비용이 들지 않는다니 생산자 입장에서 얼마나 매력적인 존재인가!

현장에서는 AI 아나운서의 존재를 달가워하지 않는다. 아나운서들끼리 농담 삼아 "이제 우리가 설 자리가 아예 없어지는 것 아니야?"라는 이야기가 나오곤 한다. 하지만 일각의 경쟁력을 갖춘 몇몇 아나운서는 자체 AI를 만들어 가며 수익의 일정 부분을 배분받는다. 본인이 직접 움직이지 않아도 돈을 벌 수 있는 수익체계를 만들고, 새로운 시장에 대해 상생적인 접근을 시도하는 것이다. 하지만 이는 지극히 일부의 이야기고, 인기 있는 아나운서에게만 국한되는 예다.

지금은 다소 어색해 보이는 AI 아나운서들의 기술력이 점차 올라간다면 자연스레 그 위기감은 더욱더 커질 것이다. 그렇다면 우리는 AI가 갖지 못한 부분에 대한 경쟁력을 키워가며 나름의 영역을 구축해야 한다. 어찌 보면 AI가 갖는 장점이 그들의 단점이 될 수도 있다는 것을 역이용하는 것도 방법일 것이다. 방대한 지식을 가지고 정확한 소식을 전달하며, 감정에 흔들리지 않고, 또 컨디션 조절이 필요 없는 AI아나운서는 어떻게 보면 완벽에 가깝다.

반면에 우리는 인간이기에 실수도 하고 때로는 당황한다. 사람이 보여줄 수 있는 감정적 측면들이 고스란히 표현된다. 이건 사람의 단점이지만 동시에 AI가 가질 수 없는 장점이다. 그 사람이 가지고 있는 고유의 정서, 일과 사람을 대하는 태도에서 우러나오는 빛깔, 소위 말하는 다양한 환경과 세월을 통해 만들어지는 개개인이 가진 매력, 전달하는 콘텐츠에 대해 시청자들이 느끼는 부분을 공감하는 정서적 유대감이 그렇다. 관객과 호흡하는 현장에서 이는 빛을 더한다. 눈을 맞추고, 함께 호흡하며 뜨거운 현장의 에너지를 끌어올릴 수 있는 건, 사람만이 가능하다.

눈은 마음의 창이다. 눈동자에는 영혼이 담겨있다. 아무리 뛰어난 AI도 한 사람의 눈동자에서 느껴지는 그 어떤 미묘한 에너지를 담아낼 순 없다. 사랑하는 사람의 눈빛을 흉내 낼 수 없는 것처럼 말이다. 단순히 대본을 읽기만 하는 아나운서가 아니라, 전달하는 상황과 내용에 따라 미묘하게 달라지는 호흡과 표정, 그리고 눈빛 등 비언어적 요소를 자연스럽게 표현하는 건 인간만이 가능하다. 시청자와 공감하고 섬세하게 대면하는 아나운서의 역량이야말로 AI와 차별화된 지점이 아닐까?

이세돌은 이미 오래전 알파고에게 졌다. 그러나 여전히 바둑기사를 꿈꾸는 어린 친구들이 있고, 팬들은 여전히 사람이 두는 바둑에 열중한다. 그건 바둑기사가 가진 매력적인 기풍과 프로기사가 가진 기백, 기세, 그리고 그들이 팬들과 오랜 시간 함께 나누고 쌓아온 존재감을 우리가 느끼기 때문이다. AI의 태생적 한계란 바로 거기에 있다. 인간을 뛰어넘는 실력과 재능, 인간보다 더 인간답게 굴 수는 있지만, 그들은 결코 사람이 될 수 없다.

# 아나운서가 되고 싶은 이들에게
# 한마디 한다면?

삶을 살아가면서 우리는 많은 가치를 마주하게 된다. 10대, 20대, 30대가 다르다. 그 이후로도 인생의 중요가치는 나를 둘러싼 환경이 변해가듯 자연스레 변해간다. 하지만 만약 중년, 노년이 되어도 변하지 않고 나를 두근거리게 하는 특정 단어가 존재한다면 어떨까? 그것은 다른 모든 조건을 차치하고서라도 반드시 도전해야 하는 가치라고 생각한다. 설렘과 기다림을 느낄 수 없는 삶은 메마른 사막을 걷는 것과 같다. 모두가 인생의 중요한 시기에 한 번쯤 그 끝없는 사막을 걷곤 한다. 나만의 철학과 가치관이라는 오아시스를 찾고, 북극성이라는 나침반을 찾는다. 그리고 마침내 꿈에 도착했을 때, 사막은 드넓은 바다가 펼쳐진 모래사장으로 변한다. 아나운서가 되기 위해 노력했던 사막길, 그리고 다다른 모래사장! 그 길을 걸었던 지난 여정을 지금껏 여러분에게 소개했다.

아나운서 지망생들이 내게 찾아와 가장 많이 하는 질문은 "제가 할 수 있을까요?"이다. 내가 어떻게 그들의 인생을 점칠 수 있겠는가? 인생에 수많은 변수가 있는데 말이다.

꿈 앞에 머뭇거리기보다는 일단 부딪혀가며 교정하고 보완하고 성장하는 것을 추천한다. 망설이는 지망생에게는 이런 이야기를 해줄 수 있을 것 같다. '결국에 아나운서가 되지 않더라도 준비하는 이 과정은 훗날 무엇을 하든 반드시 도움이 되는 귀한 경험으로 남을 것'이라고! 아나운서의 일은 타인에게 영향력을 행하는 일이다. 나의 언어로 다른 사람이 변화되도록 하는 일이란 얼마나 숭고한가. 거기에 스스로 가치를 부여하고 의미를 만들어 간다면 인생이 다채로운 무지갯빛 인생일 것이다.

아나운서로서 존재하는 나에 대해 많은 생각을 했다. 재 밌고 설레서 시작했던 일이지만, 경험이 쌓일수록 힘들고, 생계를 위해 현장에 던져진 것처럼 느껴질 때도 있었다. 하지만 의미를 되새기면서 '내가 왜 이 일을 했지?'를 떠올 릴 때 포기하지 않고 계속 나아갈 힘이 생겼다.

널리 알려진 이야기 중에 중국의 대나무 이야기를 들려주 고 싶다. 중국의 대나무는 4년 동안 열심히 물을 주고 거 름을 줘도 전혀 자라지 않는다. 그런데 갑자기 5년째가 되 면 급속하게 성장해서 무려 27미터나 자란다. 아나운서의 성장은 이와 같다. 그 노력이 바로 결과로 나타나지 않고 대나무처럼 4년을 참고 5년째에 됐을 때 성과가 나타나고 그 성과의 물꼬가 트일 때 폭발적인 에너지로 존재감을 드 러낼 수 있다. 수년간 인내할 수 있도록 하는 것은 그 일에 대해 느끼는 즐거움과 자신감이다. 각자의 열정을 확인하 고 자신의 미래에 대한 큰 그림을 그릴 수 있기를 바란다. 당신이 일에서 보여주는 열정과 인내는 분명 당신의 미래 를 밝혀줄 것이다.

# 아나운서
# 실무 용어 알아보기

**개런티** Guarantee

영화 · 방송 · 공연 등에 출연하는 이들이 받는 출연료. 경력이나 역할, 인지도 등에 따라 출연료는 천차만별이다. 일반적으로 방송국에서는 정해진 규정에 따라 출연자들의 등급이 있어 개런티도 정해져 있는 경우가 많다.

**기상 보고** Weather Report

날씨 예보를 전달하는 섹션.

**광고판매** Advertising Sales

광고를 판매하는 부서 또는 활동.

**데모** Demo

새로운 프로그램이나 아나운서의 능력을 보여주기 위한 시연이나 샘플.

**디렉팅** Directing

프로그램이나 콘텐츠의 연출을 담당하는 것.

**라이브** Live

실시간으로 진행되는 방송이나 이벤트.

**스크립트** Script

촬영이나 방송에 사용되는 대본 또는 대본 작업. 아나운서는 이를 기반으로 발표를 준비하고 진행한다.

스크립팅 Scripting

프로그램의 대본을 작성하는 과정이나 작성된 대본을 수정하는 과정.

스토리보드 Storyboard

비디오나 애니메이션 등의 시각적 콘텐츠를 계획하기 위해 사용되는 시각적인 스토리 설계 도구.

스테이션 브레이크

TV 방송 중 한 프로그램이 끝난 뒤 다음 프로그램이 시작하기 전까지 광고가 나오는 시간.

스탠드업 Stand-up

카메라 앞에서 서서 직접 발표하는 것. 일반적으로 리포팅하는 중에 사용된다.

스트리밍 Streaming

인터넷을 통해 동영상 또는 오디오를 실시간으로 전달하는 기술이나 서비스.

스트레이트 리드 Straight Lead

뉴스 리포트의 시작 부분으로, 가장 중요한 내용이나 핵심적인 정보를 요약하여 전달하는 것.

시청률 Ratings

특정 프로그램이나 채널의 시청자 수를 나타내는 지표.

인터뷰 Interview

다른 사람과의 대화를 통해 정보나 의견을 전달하는 것.

제작 일정 Production Schedule

프로그램 제작에 필요한 모든 단계와 일정을 계획하고 관리하는 것.

제작 예산 Production Budget

프로그램을 제작하는 데 필요한 모든 비용을 포함하는 예산.

### 촬영 Shooting
비디오 또는 사진을 촬영하는 과정.

### 콘텐츠 라이선싱 Content Licensing
다른 제작사나 콘텐츠 제공업체로부터 콘텐츠를 라이선스하여 방송하는 것.

### 컨트롤룸 Control Room
방송을 조정하고 모니터링하는 장소로, 제작 스태프들이 작업하는 곳이다.

### 큐 Cue
특정한 행동을 시작하거나 멈추기 위한 신호를 받는 것. 일반적으로 소리, 비디오, 그래픽 등의 시작 또는 종료를 나타낸다.

### 큐시트
프로그램의 시작부터 종료까지를 진행표로 정리해 둔 것. 정해진 역할에 따라 무엇을 어떤 타이밍에 하는지를 일목요연하게 정리해 복잡할 수 있는 방송 촬영현장에서 혼선을 방지해 준다.

### 캐스팅 Casting
배우나 출연자를 선발하는 과정.

### 편집 Editing
비디오나 오디오 등의 미디어 자료를 편집하는 과정.

### 포스트 프로덕션 Post-production
촬영이나 녹화가 끝난 후에 편집, 음악 추가, 효과 제작 등의 작업을 수행하는 과정.

### 프라임 타임 Prime Time
TV나 라디오 등에서 시청자가 가장 많은 시간대.

### 프로덕션 Production
콘텐츠 제작 및 제작과정.

프로듀싱 Producing

방송 프로그램 또는 콘텐츠를 제작하고 관리하는 과정.

프로모션 Promotion

콘텐츠나 제품을 홍보하는 활동.

프롬프터 Teleprompter

아나운서가 카메라를 향해 시선을 유지하면서 스크립트를 읽을 수 있도록 도
와주는 장치.

CP Chief producer / 책임프로듀서 / 총연출가

방송사 국장 또는 부장급으로, 담당 PD를 포함해 제작인력 또는 출연진의 인
사관리 및 프로그램을 책임지는 자리.

AD Assistant Director / 조연출

PD를 보조하는 조연출자. 출연자 섭외 및 자료 조사, 무대 세팅 등 보조업무와
방송편집을 담당한다.

# EPILOGUE

아나운서라는 직업을 대표해 처음을 준비하는 '비기녀'에게 이야기할 수 있어 영광이었다. 여러분과 나는 저자와 독자로 인연을 맺었지만 언젠가 아나운서 선후배로 만날 수 있기를 기대한다. 중간중간 반복되는 이야기도 있었고, 다소 개인적인 기준에 치우쳐 말한 것도 있다. 하지만 그 모든 게 이 직업을 향한 나의 뜨거운 애정이고, 비기녀에게 꼭 알리고 싶은 지름길이란 것을 기억해주었으면 한다. 아나운서가 되기 위한 첫걸음을 내딛기까지, 99도 끓어올랐지만 1도 차이의 망설임이 있다면, 이 책을 통해 100도를 채우길 바란다.

동시간대 점유율 1위에 빛나는 프로그램 〈한낮의 베라〉의 MC는 아나운서 베라 인트벤이다. 자신의 이름을 걸고 프로그램을 진행한 것이다. 주부에게는 푸근한 수다 상대로, 젊은 친구들에게는 따뜻한 조언자 혹은 조력자로 사랑받고 있는 그녀는 빼어난 유머 감각과 밉지 않은 수다, 특유의 친밀감으로 시청자들과 함께하고 있다. 이러한 그녀의 이미지는 꾸준함으로, 변함없는 성실성으로 인지도를 다져오며 그녀 자신이 만들어온 것이다. 그녀도 '비기너'이던 시절이 있었고, 실수하며 대중들의 날카로운 평가에 무너져본 경험이 있을 것이다. 이때 나를 지탱해줄 '무엇'을 가져야 한다. 베라 인트벤의 성공에 숨은 비결이 있다면 바로 그것일 것이다.

'가장 좋은 동기부여는 나로부터 나온다'는 말이 있다. 보이지도 잡히지도 않은 꿈을 열정이란 에너지를 발판삼아 행동으로 옮기기까지 꽤 오랜 고민과 시간이 소요된다. 일단 실행에 옮겨지면 어떤 형태로든 결과물이 나온다. 아나운서를 꿈꾸는 비기너에게 당장 시작하라고 말하고 싶다. 이미 책을 읽는 순간 당신은 남보다 한 스텝을 더 빨리 내딛는 것이다. 이 세상에 좋은 아나운서, 나쁜 아나운서는 없다. 좋은 아나운서라는 졸업장을 얻기 위해 계속 노력하는 사람과 마침내 졸업한 아나운서가 있을 뿐이다. 비기너모두가 여기까지 오느라 고생이 많았다. 정말 수고했다. 입학을 환영한다!

# 아나운서, 오늘을 전합니다

초판인쇄 2024년 5월 31일
초판발행 2024년 5월 31일

글 김 설
발행인 채종준

출판총괄 박능원
책임편집 구현희
디자인 김예리
마케팅 안영은
전자책 정담자리
국제업무 채보라

브랜드 크루
주소 경기도 파주시 회동길 230(문발동)
투고문의 ksibook13@kstudy.com

발행처 한국학술정보(주)
출판신고 2003년 9월 25일 제406-2003-000012호
인쇄 북토리

ISBN 979-11-7217-311-1 03040

크루는 한국학술정보(주)의 자기계발, 취미 등 실용도서 출판 브랜드입니다.
크고 넓은 세상의 이로운 정보를 모아 독자와 나눈다는 의미를 담았습니다.
오늘보다 내일 한 발짝 더 나아갈 수 있도록, 삶의 원동력이 되는 책을 만들고자 합니다.